道徳科授業サポートBOOKS

道徳板書
スタンダード&アドバンス

有松浩司 著

JN043583

明治図書

はじめに

　道徳科の授業をしていて，こんなことはないでしょうか。

・おきまりのパターンの授業に，児童が飽き飽きしている。

・教師自身，その授業で1時間何を考えさせればよいのかわからず，とても間がもたない。

・定番教材はうまくいくのに，その他の教材になると，全く思うようにならない。

・研究授業や参観日の授業は盛り上がるのに，普段の授業になると，沈黙した雰囲気になる。

・教科書を開いたとたん，「今日はこの教材で授業をするのか……」と，授業を行うのが憂鬱
　になることがある。

・週1回の道徳科の授業に，教師も児童もうんざりしている。

　これらの原因はただ1つ。それは，年間35時間（1年生は34時間），毎回同じパターンで授業を行ってしまっていることだと考えます。

　道徳科（以前は道徳の時間）は，以前から「川流れ式」という板書による授業が幅広く行われてきました。本書の中でも詳しく解説していますが，川流れ式板書とは，右から左に向かって，順々に発問と答えを繰り返す，「定番」といわれるタイプの授業です。川流れ式板書は，道徳科の基本中の基本であるため，当然教師は身につけておかなければならない方法ではありますが，この方法に適した教材というのは，実は意外に少ないのです。

　道徳科の教材は，そのほとんどが読み物教材です。ただし，一口に読み物教材と言っても，その特徴は様々です。主人公の考え方が前半と後半で大きく変容しているものもあれば，主人公の考え方が最初から最後まで一貫しているものもあります。教材の中に，異なる考え方が対比的に描かれているものもあります。文学的な文章があれば，説明的・解説的な文章もあります。これらを一くくりにして，毎回同じパターンで授業を行うという方が，むしろ無理がありますし，なにより同じパターンを繰り返していれば，児童が飽き飽きするのも当然です。

　では，どうすれば，毎回同じパターンの授業から脱却できるのでしょうか。その方法の1つが，板書を変えることです。教師自身が，多様な板書法を身につける，そして教材の特性を見抜き，その特性に応じた板書で勝負する。そうすれば，道徳科の授業は，児童にとっても，教師にとっても，今よりもっと楽しく，魅力的なものになるはずです。本書では，板書の様々なパターンや具体的な授業例をいくつか取り上げていますので，この本を手に取って読んでくださっている先生方の，少しでもお力添えになれれば幸いです。

　最後になりましたが，明治図書出版様には，公立学校の一教員である私に，このような貴重な機会を与えてくださったのみならず，企画から編集まで多大なるご尽力をいただきました。心より感謝申し上げます。ありがとうございました。

有松浩司

Contents

4章　スタンダード&アドバンス板書を活用した授業事例

1 章

道徳科における板書の役割

道徳科における板書の役割

■ 道徳科における板書の役割は？

　以前若い先生に「道徳の授業って板書が難しいのですが，板書はどうしても必要ですか？なくても授業は進められると思うのですが……」と質問されたことがあります。私はその先生に対し，「必要です。絶対に板書は必要です」と即答しました。どの授業でも当然板書は必要だと思いますが，特に道徳科においては，絶対に欠かしてはいけないと考えています。なぜなら道徳科における板書には，次のような役割があるからです。

①学習のポイントを明確に示す

　道徳科の授業は他教科と違い，そのほとんどが１時間完結型授業です。例えば国語科のある単元の中で，その１時間を「教材文をすらすらと音読できるようになる」という学習にあてるのであればそれほど板書は必要ないかもしれません。しかし，道徳科は「人にやさしくすることはどうして必要なのか？」「本当の友達とはどんな友達か？」というように，その１時間で考えるべきことがはっきりしており，その問いを１時間で自分たちなりに解決していかなければいけません。そのため，その１時間で学習すべきことは何なのか，課題を解決するための大切な考え方は何かなど，ポイントを明確に示すことが求められます。もちろん若い先生が言うように，学習のポイントは口頭のみでも伝えられますが，児童の発達段階から考えて，学習すべき内容が別の方向に逸れてしまわないように明確に黒板に示しておくことが大切です。

②お話の流れを整理する

　道徳科で用いられる教材は，そのほとんどが読み物教材です。そのため，お話の中で，どのような登場人物が，どのような出来事を体験し，どのように悩み，葛藤し，どのような行動をとったのかを整理していく必要があります。国語科であれば，このお話の流れを整理するという過程を児童自身に行わせますが，道徳科はそれ自体が学習の目的ではありません。そこで，黒板全体を使って，お話の流れを視覚的に示していくことが大切です。この作業を行わずに，口頭のみで授業を進めると，児童はどの場面の，何について考えていけばよいのかがわからず，結果考えるべき内容が焦点化されないという事態を招くことになります。

③価値についてのより深い理解を促す

　例えば，「自分の生活はいろいろな人に支えられている」という内容について考えさせる授業を行うとします。この言葉の意味を口頭のみで終えるのと，この言葉を黒板に残すのとでは，価値のとらえに大きな違いが生まれるでしょう。さらに，言葉だけでなく，下のように図に表してみてはどうでしょうか。図に表すことで，「自分の生活はいろいろな人に支えられている」という言葉の意味について，より深くとらえさせることができます。詳しくは後述しますが，私は可能な限り，道徳科の板書は図化することが大切だと考えています。このように，価値についてのより深い理解を促すことも，道徳科の板書の役割の1つです。

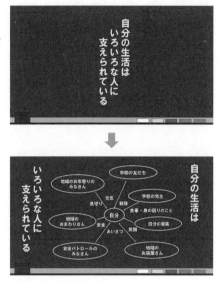

④思考を整理する手助けとなり，個々の考えを持ち寄る場となる

　道徳科の授業は，教師が一方的に価値を教授する時間ではありません。児童が価値について深く考え，議論し，互いの考えを持ち寄る時間です。授業で道徳ノートやワークシートを活用している先生も多いと思いますが，自分の考えを整理するときも，黒板は児童にとって大きな手助けとなります。また黒板は，それぞれの考えを持ち寄る場でもあります。それぞれの考えを集約して，黒板に教師がまとめるという方法もあれば，児童自身が黒板の前に立って自分の考えを書くという方法もあります。（詳細は3章アドバンス⑮を参照）

⑤1時間の学習を振り返る際に役立つ

　道徳科の授業の最後に，振り返りを書かせるという取り組みは，多くの教室で行われていると思います。私も授業の最後は，必ず振り返りを書かせています。その際，板書は1時間の学習を振り返る上でとても役立ちます。1時間の学習の足跡がしっかりと黒板に残っているからこそ，今日はどんなことを学習したのか，友達のどのような意見に心動かされたのか，今後どんな自分になりたいか，児童は考えを深め，その考えを自分のものにしていくことができるのです。そういう意味でも，ただお話の流れを示すだけでなく，児童から生まれた新しい考え方を，積極的に黒板に残していくことが大切です。

板書を変えれば授業が変わる

■ 年間35時間同じパターンで授業をしない

　本書の冒頭でもふれましたが，道徳科の授業がうまくいかない最大の理由として，年間35時間（１年生は34時間），同じパターンで授業を行ってしまっていることが挙げられます。その授業とは，川流れ式板書の授業です。川流れ式板書については，２章スタンダード①で詳しく解説していますが，いわゆる，黒板の右から左に向かって書くという板書の方法です。低学年の授業では，場面絵を右から左に順々に並べながら，場面ごとの登場人物の心情を問い，授業を展開していきます。学年が上がると，次第に場面絵がなくなり，かわりに発問（または発問が書かれた短冊）が右から左へ並ぶようになります。右から順番に，発問①→答え①→発問②→答え②→発問③→答え③という具合です。

　誤解のないように断っておくと，私は決してこの川流れ式板書を否定しているわけではありません。むしろ，これまで多くの先生方が，研究と実践を積み重ねてきたすばらしい指導法の１つだと考えています。私自身も教員になってから10年以上，この川流れ式板書の研究を行ってきましたし，過去に道徳科の研究会に参加した際，この川流れ式板書の授業で非常に児童が躍動している姿を何度も目にしてきました。ただし，川流れ式板書で授業がうまくいっているのは，授業者が，この川流れ式板書に適した教材で授業を行っているからです。詳細は２章で述べますが，川流れ式板書に合う教材とは，主人公が葛藤し，前半と後半で大きく変容しているような教材です。「はしの上のおおかみ」や「くりのみ」のような，いわゆる定番教材と呼ばれるものです。一方で，このタイプとは異なる教材，例えば説明的・解説的な教材をこの川流れ式板書で授業するとどうでしょう。そういえばうまくいかなかったという先生も多いと思います。それは，教材が川流れ式板書に適していないからです。研究授業や参観日の授業はそれなりにうまくいくのに，普段の授業がうまくいかない原因は，毎時間同じパターンで授業を行ってしまっていることにあると考えます。

　そしてなにより，年間35時間同じ流れで授業を受ける児童の身になってみてください。低学年のうちはいいかもしれませんが，学年が上がってくると，「あぁ，今日も先生が用意した発問に順々に答えていくのだな」と次第に授業に飽き飽きしてくることが予想されます。子どもというのは，常に新しい刺激を求めています。「今日はどんな授業をするのだろう」「次回はどんな流れで勉強するのか楽しみだな」と期待を抱かせるように，教師はいろいろな授業パターンをもち，教材の特性に応じて授業を変えていくことが大切です。

■ 多様な授業（板書）パターンをもつ

　教材の特性に応じて授業を変えていくとはいっても，具体的にはどうすればよいのでしょうか。私は授業を変えるための一番の近道は，板書を変えることだと考えています。いつも右から左に書いていた板書を，思いきって変えてしまうのです。この後で詳しく述べますが，一番よいのは板書を図化すること。黒板全体を使って図をかくように，授業を展開していくことです。そうすれば，自ずと授業は変わっていきます。最初はなかなかうまくいかないものですが，週1回自分自身の練習と思って取り組めば，必ず授業は変わっていきます。

　例えば，以下に示した板書の写真は，どちらも「フィンガーボール」（日本文教出版）の授業の板書ですが，一方が十数年前に授業した川流れ式板書，もう一方が最近授業した図化を取り入れた板書です。どちらがより教材に適した板書であるか考えてみてください。

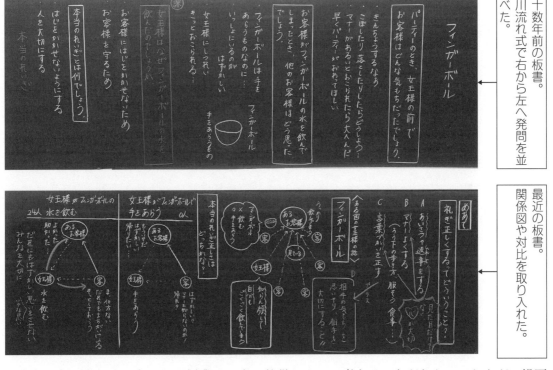

十数年前の板書。川流れ式で右から左へ発問を並べた。

最近の板書。関係図や対比を取り入れた。

　もうお気づきでしょう。この授業は，真の礼儀について考えることがねらいでしたが，場面ごとの心情を読み取らせた川流れ式板書よりも，図化を試みた後者の板書の方がずっと深くねらいに迫ることができました。教材そのものが，図化した板書に適していたというわけです。

　では，その板書のパターンには，どのようなものがあるのでしょうか。そもそも教材にはどのような特性があって，その特性に応じた板書とはどのようなものなのでしょうか。詳しくは，2章・3章で解説しているので，そちらを参照していただければと思います。

身につけておきたい板書の基本

■ 道徳科の授業の板書は縦書き？　横書き？

　板書の役割や様々なパターンをもつことの大切さについてこれまで述べてきました。具体的な板書パターンや授業例を示す前に，ここではもう少し踏み込んで，身につけておきたい板書の基本についてふれておきたいと思います。

　まずは道徳科の板書は縦書きにすべきか，横書きにすべきかについてです。

　従来道徳の授業は，そのほとんどが縦書きでした。先述したように，川流れ式板書が，道徳の授業の基本と考えられていたからでしょう。一方で最近では，横書きの板書も多く見られるようになってきました。特に道徳科を深く研究されている先生には，横書きで授業を進めておられる方が多いように感じます。

　結論を先に述べると，縦書きでも横書きでもどちらでもよいというのが私の考えです。ただし，縦書きにするにしても，横書きにするにしても，先ほど少しふれたように，必ず黒板を図化することがポイントだということを補足しておきます。

　道徳科は価値について深く考える授業です。そしてその価値は目に見えないものなので，一層「見える化」することが大切です。9ページの「道徳科における板書の役割」で示したように，「自分の生活はいろいろな人に支えられている」という内容1つ扱うにしても，言葉のみの板書と，図で示した板書では，価値の理解の深まりに大きな違いが出てきます。ですから，可能な限り，板書の中に図を入れていくことが大切です。最近横書きで授業される先生が増えてきたと述べましたが，図化するには横書きの方が適しているからだと思います。

　私自身はもともと国語科を専門にしているので，使用している教科書が縦書きであるのに，板書は横書きということにどうも抵抗感があります。少し気にしすぎかなとも思いますが，私が縦書きで授業を進めているのは，ただそれだけの理由です。使用する教科書が横書きになれば，迷わず板書も横書きにするでしょう。ただし，2章以降の板書例を見ていただければわかると思いますが，縦書きといいながら，黒板の中には様々な図があり，横方向で書いた言葉も非常に多く見られます。あまりよいことではありませんが，授業によっては，めあてのみ縦書きで，あとはすべて横書きということもあります。

　道徳科の板書に，「こうでなければダメ」というものはないと思っています。私自身もまだ試行錯誤中で，日々いろいろな板書を試しながら，自分に合った方法を探っているという状況です。みなさんもぜひ自分に合った板書法を見つけていただけたらと思います。

■ 「めあて」と「振り返り」はどうするの？

　授業を行う以上，学習のめあて（学習課題）をいつ，どこに，どのように書くのかということは，先生方も気になるところだと思います。私自身は，児童が学習に対して「問い」をもてば，それでめあては成立していると思うので，どのように書くかということには実はそれほどこだわっていません。ですが，これから道徳授業を始めようという先生には，児童に確実に問題意識をもたせるためにもめあてをきちんと黒板に書くことをおすすめします。

　めあてを書くタイミングは，授業によって大きく異なります。「自由とは何か」「人にやさしくすることはなぜよいことなのか」というようなめあての場合は，授業の冒頭で教師から提示します。また導入で，ある程度価値について話し合った後に，「本当の友達って何だろう」と展開することもあります。内容によっては，教材を読んだ後にめあてを提示することもあります。なお，私の板書を見ていただけるとわかりますが，めあてはいつも黒板の右側に書いています。ただし，いつも授業の冒頭で書いているわけではありません。意図的にそこのスペースをあけておき，タイミングをみて書くという方法をとっています。

　めあての内容も教材や授業によって異なります。大きく類別すると以下のようになります。

ア　価値の意味を問う
例：「自由とは何か」「本当の友達とはどのような存在か」

イ　価値の大切さ・必要さを問う
例：「親切はなぜ必要なのか」「あいさつはなぜ大切なのか」

ウ　教材の中の人物の変容を問う
例：「○○はどうして変わったのか」「○○は何に気がついたのか」

エ　教材の異なる考え方に焦点を当て，どちらが望ましいかを問う
例：「AとBではどちらがよいのか。またそれはなぜか」

オ　教材から学ぶべきことを問う
例：「私たちは○○の生き方から何を学ぶべきか」「このお話から何を学ぶべきか」

　9ページで授業の最後には必ず振り返りを書かせると述べましたが，その際，めあてに対する自分の考えを書くことを強く意識させるようにしています。「自由とは何か」というめあてであれば，自由に関する自分の考えを，自己の体験を踏まえながら記述させるという具合です。

　忘れてはいけないのは，めあてを黒板に書いているかどうかということよりも，児童が問題意識をもって学習しているかが授業では重要だということです。つまり，めあてを黒板に書いていなくても，児童が真剣に価値について考えていればよい授業ですし，いくらめあてを書いていても，児童に問題意識がなければよい授業とはいえないということです。型を身につけることは大切ですが，型にとらわれて本質を見失わないように気をつけたいものです。

よりよい板書を創るためのプチアイテム

■ ちょっとしたアイテムがよりよい板書の手助けとなる

　一流の料理人や優れたものづくりの職人さんが「よりよい仕事を行うためには，道具が命だ」と言っておられるのを聞いたことがあります。少しオーバーなたとえかもしれませんが，これはある意味私たち教員にとっても同じこと。よりよい授業，よりよい板書を創るためには，道具がなにより大切です。ここでは，よりよい板書を創るための必需品となる，いろいろなアイテムを紹介します。

①ネームプレート

　様々な教科でネームプレートを使うことがあると思います。児童一人一人の名前が書かれていて，黒板に貼れるカードのことです。ネームプレートは，道徳科の授業では必需品です。例えば教材の中に異なる2つの考え方がある場合，「AとBではどちらがよいと思いますか？」（3章アドバンス②参照）という発問が効果的です。また，「自分の○○（やさしさ，正義感など）を数値で表すとどれくらいですか？」（3章アドバンス④参照）という発問を行えば，客観的に自己を振り返らせることができます。その際，ネームプレートがあれば，一人一人に発言させなくても，黒板に一度に貼らせることで，全員の考えを短時間で表明させることができます。年度当初に，ぜひとも作成しておきたいアイテムの1つです。

②短冊・マジック

　短冊とマジックも道徳科の学習には欠かせません。授業の導入で，「本当の勇気とは▢ということ」といった短冊を示し，▢に入る言葉を考えさせるだけでも児童の集中力は一気に高まります。また，短冊のよさはなんといっても，一度書いたものを，後から自由に配置できるという点にあります。短冊を使った授業の詳細については，3章アドバンス⑪を参照してください。なお，短冊は画用紙でも普通の用紙でも何でも大丈夫です。大量にカットして，教師用の机の中にいつでも使えるようにストックしておきましょう。

③チョーク・色チョーク

　板書の基本はやはりチョークで書くことだと思います。よく研究授業などで，教師が事前に用意していた授業のポイントなどをまとめた用紙をペタペタ黒板に貼る様子を目にしますが，あまり感心しません。児童の立場に立ってみると，「そういう答えを用意しているのであれば，最初から見せてくれればいいのに……」と感じることでしょう。なにより板書は児童と一緒に創るもの。授業を終えた後に，児童の考えがあふれるほど書かれている板書にしたいものです。3章アドバンス⑮で詳しく解説していますが，児童自身を板書に参画させることも大切です。そのためにも，チョークはできるだけ多く用意しておくことをおすすめします。また白だけでなく，色チョークもやはり必需品です。色を変えるだけでも，板書のバリエーションは広がります。私の場合は，常に目立ちやすい蛍光チョークを使用しています。これといってルールはありませんが，基本的には白，やや重要なポイントは黄，特に重要なポイントは赤，その他の線などは黄緑や水色で書くようにしています。

④場面絵・写真

　場面絵や写真も，やはり有効なアイテムの1つといえるでしょう。2章スタンダード①・②に詳細に示していますが，主人公の考え方が大きく変容している教材では，特にこの場面絵が有効になります。場面絵を示すだけで，お話の大きな流れをおさえることができるからです。場面絵や写真は，特に視覚支援が必要な低学年の授業において，必需品だと考えます。なお，せっかく印刷した写真等は，ラミネートするなどして，長期利用できるようにしておくとよいでしょう。

⑤ ICT 機器（パソコン，プロジェクター，電子黒板等）

　ICT 機器は，よりよい道徳科の板書を創る上で非常に役立ちます。パソコンやプロジェクターがあれば，場面絵や写真などを拡大提示することができます。また，プレゼンテーションソフトを使えば，場面絵や写真の一部を隠したり提示したりすることが可能となり，考えさせたいポイントを焦点化することができます。電子黒板があれば，直接画面に書き込んだり消したりできるので，一層注目させたいポイントを明確に示すことができます。

　さらにパソコンを通して，Web 上の動画を有効に活用すれば，授業の幅も広がります。ICT 機器の整備については，学校や市区町村によって差があるため難しい場合もあるかと思いますが，可能な限りこうした授業にも慣れておきたいものです。なお，ICT 機器を活用した授業については，3章アドバンス⑭を参照してください。

板書で授業を構想し，板書で振り返る

■ 板書で授業を構想し，板書で授業を振り返る

　先生方は授業をどのような方法で構想しておられるでしょうか。頭で考える，発問と予想される児童の反応をノートに書き出してみる……その方法は様々だと思います。私の場合は，道徳科の授業は，常に板書で授業を構想しています。ただし，研究授業のときのように，毎回事前に板書を試し書きしているわけではありません。Ｂ５用紙を半分に切った程度の大きさのメモ用紙に，鉛筆を使って，板書の大体を構想します。時間にして数分程度です。このメモをもとに授業を行い，授業後は必ず板書をデジタルカメラで撮影します。板書を撮影しておけば，後々この授業の何がよくて，何が課題であったのかを写真で振り返ることができます。数年後，再び同じ教材で授業をする際にも，過去の授業を写真で振り返り，反省を生かすことができます。特に若い先生には，ぜひ身につけてほしい習慣です。

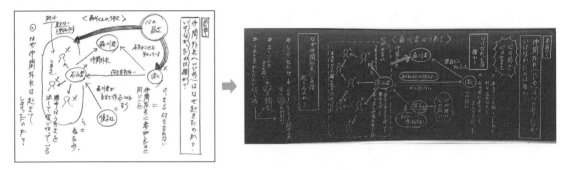

板書構想メモと実際に行った授業の板書（詳細は，３章35ページ「森川君のうわさ」の板書を参照）

　また，板書を構想した上で授業に臨むことには，他にもメリットがあります。それは，黒板全体を使いながら，思いきった授業が展開できるということです。板書は右から左（横書きであれば左から右）に順番に書いていくのが通常だと思います。一方で板書の構想を練っておけば，いきなり中央から書いたり，反対側の左側から書き始めたりということが可能になります。以前若い先生が私の授業を見た後に，「先生がいきなり中央から書き始めたので，最初はどうなるのかと思いましたが，ああいう構想だったのですね」とコメントされました。あらかじめ構想を練っているからこそ，ダイナミックな板書も可能になるというわけです。

　では，その板書の仕方にはどのようなバリエーションがあるのでしょうか。２章以降で，いよいよその具体について詳しく説明していきたいと思います。

2章

絶対に身につける
道徳板書の３つのスタンダード

川流れ式で時系列をわかりやすく示す

挿絵出典：「わたしたちの道徳　小学校一・二年」文部科学省

■ 「川流れ式で時系列をわかりやすく示す」板書のポイント

Point 1　場面絵を右から左に時系列で並べる

　川流れ式板書は，黒板の右側から左側に向かって時系列に書くという，以前より道徳科の授業で多く取り入れられている基本的な板書構造です。道徳科の授業を行う上で，基本中の基本となるので，特に若い先生はいち早くこの型の板書ができるようになりましょう。

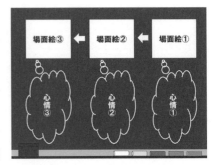

　川流れ式板書の基本は，場面絵を並べながら授業を進めることです。場面絵を時系列で右から左に配置すれば，細かい確認をしなくても，お話の内容を視覚的に理解させることができます。また，場面絵を貼りながら，「このとき○○はどんな気持ちだったでしょう？」と問えば，児童にとっても何を考えればよいかが明確になります。例えば，「はしの上のおおかみ」（文部科学省）の場合は，１枚ずつ場面絵を貼りながら，場面ごとのおおかみの心情を話し合わせます。場面絵を配置することで，最初いじわるだったおおかみが，次第に親切になっていく様子が明確になります。キーワードとなる登場人物のセリフを短冊に書き，適切に黒板に配置するのも有効な方法です。

Point2 登場人物の心情をふきだしを使って書く

　先述したように，川流れ式板書の授業では，場面絵を貼りながら登場人物の心情を考えさせていきます。児童から出てきた意見は，ふきだしを使って書くとよいでしょう。ただし，心情を考えさせる場面はどこでもよいというわけではありません。大切なのは，最終的に登場人物の心情や考え方の変化を黒板に示すことです。「最初は○○だった主人公が，最後は△△になった」という具合です。

　そこでまず，授業の前半では，登場人物の心情や考え方のマイナス面や心の葛藤などを考えさせます。登場人物が落ち込んでいる場面，道徳的に望ましくない行動をしている場面，何かに迷っている場面などをとらえて，「このときどんな気持ちでしょう？」「何を迷っているのでしょう？」と発問します。授業の後半では，山場をとらえて，登場人物の心情や考え方の変化が明確になるように発問します。山場とは，登場人物の心情や考え方が変化した場面のことです。例えば，「はしの上のおおかみ」では，最後の場面のおおかみの心情を話し合わせた後に，「おおかみが変わったなと思うところはありますか？」と発問してもよいでしょう。その上で，「どうして変わったのでしょう？」と問えば，一層授業のねらいに迫ることができます。

Point3 登場人物の前と後でどちらがよいかを議論させる

　道徳科の授業でよくやってしまう失敗が登場人物の心情のみを考えさせて授業を終えてしまうことです。国語科であればそれでもかまいませんが，道徳科の目的は道徳的価値について考えることなので，それではいけません。そこで，この川流れ式板書を利用して，登場人物の変容の前と後ではどちらがよいかを議論させましょう。例えば，「はしの上のおおかみ」では，「いじわるなおおかみとやさしいおおかみでは，どちらがかっこいいと思いますか？」と発問します。「やさしい方がいいと思います。だって前にぼくも……」というように児童が自分の生活経験をもとに理由を説明し始めれば理想的な授業展開といえるでしょう。以下，川流れ式で授業した「ヒキガエルとロバ」（文部科学省）の板書を示すので参考にしてみてください。

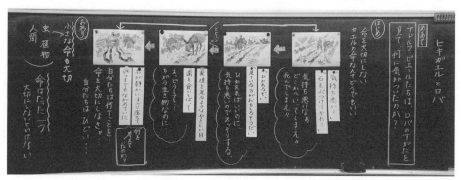

挿絵出典：「わたしたちの道徳　小学校三・四年」文部科学省

場面絵と矢印で人物の考え方の変化を示す

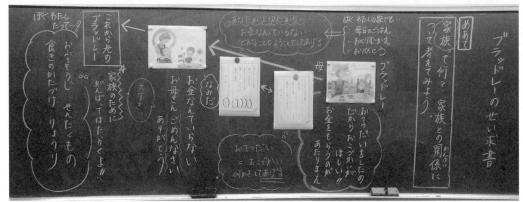

挿絵出典：「わたしたちの道徳　小学校三・四年」文部科学省

■ 「場面絵と矢印で人物の考え方の変化を示す」板書のポイント

Point 1　場面絵と矢印で人物の考え方の変化を示す

　道徳科の教材の中には，登場人物の考え方が前半と後半で大きく変わるものがあります。スタンダード①で示した川流れ式でももちろん授業はできますが，学年が上がってくると，文章量も増え，一つ一つの場面を細かくおさえるのが難しくなります。このような教材を扱う際は，板書で考えの変化をわかりやすく示す方法が有効です。

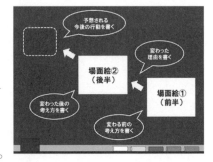

　この方法ではまず，重要となる場面絵を2枚選択します。

重要となる場面絵とは，登場人物の考え方の変化が大きく見られるものです。例えば「ブラッドレーのせい求書」（文部科学省）では，「ブラッドレーが母親に請求書を渡している場面」と「ブラッドレーが母親から0ドルの請求書を受け取って泣いている場面」の2枚を選択しました。教材を読んだ後に，まずは1枚目を示し，ブラッドレーの心情を話し合わせます。次に，2枚目を示し，同様に心情を話し合わせます。1枚目と2枚目をやや高さを変えて黒板に貼るのがポイントです。高さを変えることで，心情や考え方の変化を一層意識させることができます。

Point2　なぜ考え方が変わったのかを話し合わせる

　2枚の場面絵を貼り，それぞれの場面の心情を話し合わせた後は，上向きの矢印をかいて，考え方がどのように変わったのか，またなぜ変わったのかを話し合わせます。「ブラッドレーのせい求書」の授業の場合は，「ブラッドレーは何が変わったのでしょうか？」「なぜ変わったのでしょうか？」と発問し，母親の無償の愛に気づき，ブラッドレーが涙を流したことをとらえさせます。登場人物が変わるきっかけとなった出来事を前もって示す川流れ式に対し，この型の授業では，その変わったきっかけとなる出来事を探させることに重点を置きます。児童が「母親の思いに気がついたから」等の発言をした場合は，「では，その思いとはどのような思いですか？」と切り返すことで，ねらいとする価値に迫っていきます。

Point3　今後さらにどう変わるかを話し合わせる

　この型の板書のよさは，教材に書かれていない今後の登場人物の変容をさらに予想させることができるという点にあります。例えば，「ブラッドレーのせい求書」の場合，実際のところブラッドレーが涙を流してお話が終わっているので，その後どうしたかまでは詳しく書かれていません。ですが，涙したことを考えると，家族のために進んで行動するようになったということは予想できます。実際にこの授業で，「この後，ブラッドレーはどうなったと思いますか？」と発問した際，「家族のために進んでお手伝いをするようになった」「家族に感謝するようになった」といった意見が出されました。こうした意見は，さらに矢印をつないで，もう一段高く書くようにします。その上で，自分の家族が自分に無償でしてくれていることを振り返らせたり，自分自身が家族のためにできることなどを具体的に考えさせたりしてもよいでしょう。スタンダード①で示した川流れ式板書が低学年向けなのに対し，この板書法は，少し学年が上がった中・高学年向けの方法といえます。以下，同様の方法を用いた「雨のバス停留所で」（文部科学省）の授業の板書を紹介します。

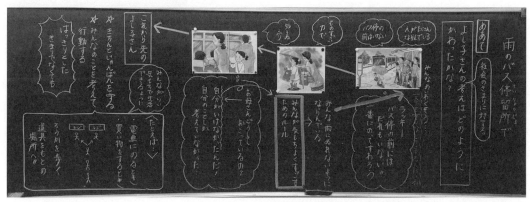

挿絵出典：「わたしたちの道徳　小学校三・四年」文部科学省

授業の前半・後半で価値を検討する

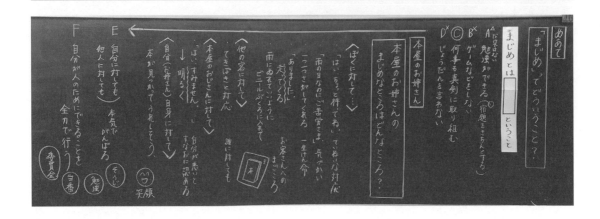

■ 「授業の前半・後半で価値を検討する」板書のポイント

Point 1　授業の前半で価値について検討させる

　スタンダード編では，川流れ式や考え方の変化を示す方法に加え，もう1つ紹介しておきたい板書の基本があります。それが，今回の「授業の前半・後半で価値を検討する」板書です。教科書にあるほとんどの教材で活用できるので，ぜひとも身につけておきましょう。

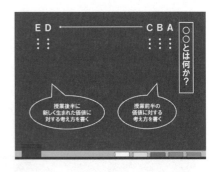

　授業はまず，「友達として大切にすべきことは何か？」「親切にすることはどうしてよいことなのか？」など，価値についての問いを明確に示すことから始めます。「本屋のお姉さん」（光文書院）の場合は，「真面目さ」がテーマとなるので，「真面目とはどういうことか？」という問いを示しました。板書にもあるように，「真面目とは□□□ということ」という短冊を示し，□□□に入る言葉を考えさせるという方法もあります。児童から出てきた意見すべてを黒板に書くのではなく，A・B・C……というように，ある程度分類して書くのがポイントです。その上で，「真面目とは本当にみなさんが考えたものなのかどうか，教材を読んで考えていきましょう」と展開します。

Point2　教材を読んで，新しい価値を発見させる

　教材を読んだ後は，1～2つに絞って発問をします。おすすめなのは「主人公が○○だとわかるところはどこ？」という発問です。例えば本教材の場合は，教材を読んだ後にまず「本屋のお姉さんは真面目だと思いますか？」と問います。児童は「真面目だと思う」と反応するので，「では，本屋のお姉さんが真面目だとわかるところはどこですか？」と続けて発問し，真面目だと考えられる言動を，サイドラインを引かせながら見つけさせます。数分後，ペアやグループで交流させ，全体で発言させます。なお，本教材の場合は，児童が見つけた「真面目さ」を，「本を買った『ぼく』に対する真面目さ」「他のお客さんに対する真面目さ」「本屋のおじさん（店主）に対する真面目さ」「自分自身に対する真面目さ」に分類することで，より価値を深くとらえさせることができるようにしました。

Point3　授業の後半で再度価値について検討させる

　最後は，授業の前半で投げかけた問いを，再度児童に検討させます。今回の授業の場合は，後半で新しく，「真面目とは自分に対しても他人に対しても本気でがんばること」「自分が他人のためにできることを本気で行うこと」等の意見が出されました。板書にもあるように，授業の前半で出た意見と後半で深まった意見を，対比的に黒板に示すのがポイントです。

　なお，もしも授業の前半で児童がねらいに迫る発言をした場合は，「みんなが最初に考えた意見の中で，『これだ！』というものはありますか？」と発問を切り替え，「授業の最初に○○君が言ったことは，具体的にはこういうことだったんだね」と締めくくるようにします。

　教材の読み取り→価値の検討という流れのスタンダード①・②の方法に対し，このスタンダード③で示した方法は，価値の検討→教材の読み取り→価値の再検討という流れになります。先述したように，この方法はかなり多くの教材で活用できます。私も展開に迷ったときは，この方法を用いるようにしています。以下，規則正しく生活することの大切さについて考えさせた，「ダーウィンの計画」（文溪堂）における授業の板書を示します。

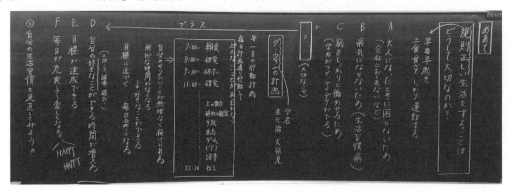

3章

深い学びに導く
道徳板書のアドバンス

ウェビングマップで新しい価値を付加する

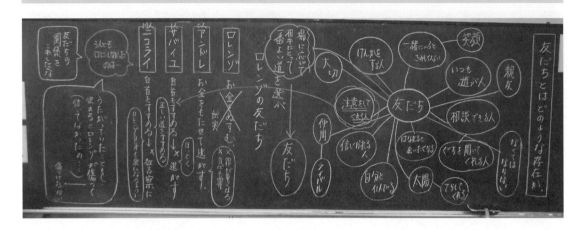

■「ウェビングマップで新しい価値を付加する」板書のポイント

Point 1　導入で価値についてのイメージを広げさせる

　ウェビングマップとは，考えを広げるときに使う思考ツールの１つです。一般的には国語科や総合的な学習の時間などで活用されることが多いですが，自分のもっている価値観を広げたり生活経験を想起したりする道徳科の授業においても非常に有効な手法といえます。

　ウェビングマップを用いた道徳科の授業は，まず「友達」「ふるさとのよさ」「自由」など，本時で考えさせたいキーワードを教師が黒板の中心に書くことから始めます。児童にも，道徳ノートやワークシートの中心にキーワードを書かせ，そこから連想する言葉を放射状に書き出させます。教師は児童から出てきた意見を，白のチョークで板書していきます。道徳ノートやワークシートが書けた児童から前に出させて，児童自身にチョークで書かせてもよいでしょう。ある程度意見が出たら，「では，これから読む教材を学習して，みんなの考えたことが本当なのかどうか，また他に新しい考え方がないかを考えていきましょう」と投げかけ，教材を読む段階に移ります。

Point2　教材を読み，１〜２つに絞って発問する

　教材を読んだら，本時で一番考えさせたいことを１〜２つに絞って発問します。例えば，板書例にある「ロレンゾの友達」の授業では，３人の友達の意見の違いを確認した後に，「この中で誰の考え方が友達として一番よいと思いますか？」「３人とも木の下で話し合ったことを口にしなかったのはなぜでしょうか？」という２つの発問に絞って授業を展開しました。活発な議論を通して，友達に対する考え方がどんどん深まっていくので，教師はそれらを整理し，キーワードとして黒板に残していきます。

Point3　再度価値について考えさせ，ウェビングマップに表現させる

　教材を読んで話し合った後は，新たに価値について考えたことを，今度は赤鉛筆でウェビングマップに書き加えさせます。なぜその言葉を書き加えたのか，それは自分たちの生活でいうとどういうことなのか，しっかりと時間をかけて話し合わせます。教師は，児童から出てきた意見を，今度は色チョークで新しくウェビングマップに書きたしていきます。「ロレンゾの友達」の授業の場合であれば，「いけないことはいけないと注意できるのが友達」「時と場に応じて，相手にとって一番よい道を選んで示してあげるのが友達」等の意見が出されました。

　以下の板書は，「わたしのしたこと」（光文書院３年）の授業における板書ですが，展開の仕方としてはほとんど「ロレンゾの友達」の授業と同じです。まずは，「親切」についてのウェビングマップをつくり，親切とは何かについて交流します。次に教材を読み，「わたし」のしたことは親切なのかどうか話し合わせました。その際，勝手に絵に色を塗られた友達（ノンちゃん）の心情も話し合わせました。最後は本当の親切とは何なのかについて再度考えさせ，考えたことをウェビングマップに新しく書き加えさせました。このように，授業の前半と後半で，価値の深まりが自覚できるのがウェビングマップを用いた板書のよさだといえます。

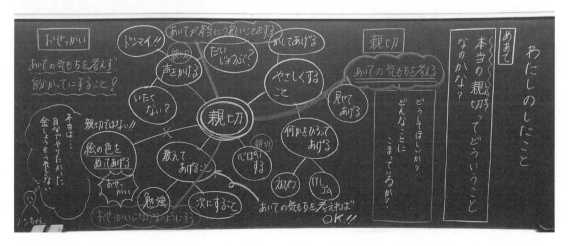

アドバンス②

考え方の対比をわかりやすく示す

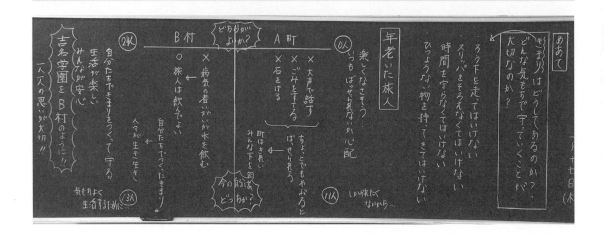

■ 「考え方の対比をわかりやすく示す」板書のポイント

Point 1　黒板を中央で分けて，考え方の違いを明確に示す

　道徳科の教材には，２つの考え方が対比的に示されているものが多く存在します。本実践で示す教材「年老いた旅人」（東京書籍）も，その１つです。年老いた旅人が，罰則が厳しく人々がみんな下を向いている町と，自分たちできまりを守って気持ちよく生活を送っている村をそれぞれめぐり，最終的に後者の村で生活することを決めるというお話です。このような教材の場合，場面ごとの人物の心情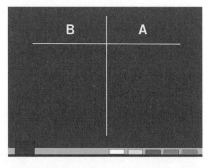を追うよりも，思いきって黒板を２つに分けて，２つの考え方の違いを明確に示す方がよりねらいに迫ることができます。

　授業では，板書にもあるように，学習課題（めあて）をまず設定し，学校生活にはどんなきまりがあるのか，そしてなぜ守っていくことが大切なのかを簡単に話し合わせます。次に教材文を読んだ後，黒板を中央で２つに分けて，「Aの町とBの村ではどんな違いがありますか？」と発問し，それぞれの違いを話し合わせました。

Point２　どちらがよいのかを話し合わせる

　２つの違いが明確になったら，今度は「Ａの町とＢの村ではどちらがよいですか？」と発問します。よいと思う方にネームプレートを貼らせてもよいですし，板書例のように挙手で人数を確認してもよいでしょう。この授業の場合，主人公の旅人が最終的にＢの村を選んだことから，ほとんどの児童がＢの村を選択することが予想されます。１人でもＡの町を選んだ児童がいれば議論が仕組めますし，全員がＢの村を選んだ場合は，あえて教師がＡの町を選んで反論すれば，議論が活性化されます。なぜＢの村がよいのか理由をつけて意見を述べさせる中で，「きまりとは，みんなが楽しく安全に生活を送るためにあるものであり，厳しく拘束するためにあるものではないこと」「きまりはしぶしぶ守るのではなく，互いを気づかいながら，主体的に守っていくべきものであること」に気づかせていきます。

Point３　今の自分たちはどちらにあたるかを話し合わせる

　今度は，今の自分（自分たち）がどちらにあたるのかを話し合わせます。この授業であれば，「みんなはＡの町のように罰則が嫌だからきまりを守っている？　それともＢの村のようにお互いが気持ちよく生活を送るために進んできまりを守っている？」と発問し，自分自身を振り返らせるとよいでしょう。発達段階にもよりますが，多くの場合は，先生にしかられるなどの罰則が嫌だからきまりを守っているという児童が多いと思われます。自分たちの現状を客観的に振り返らせた上で，これからは自分たちの学校をＢの村のようにしていかなければならないという思いをもたせます。

　以下は，低学年の「たびに出て」（文部科学省）の授業における板書ですが，この考え方の対比を示すという方法は，比較的多くの教材で活用できます。教材分析を行う際に，対比的な考え方が見つかった場合は，ぜひこの板書法で授業を進めてみてください。

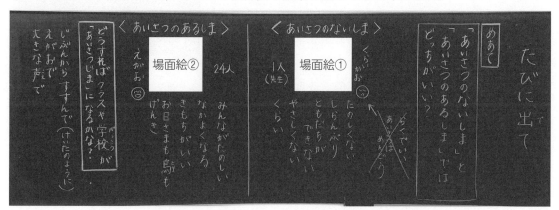

表を使ってメリット・デメリットを整理する

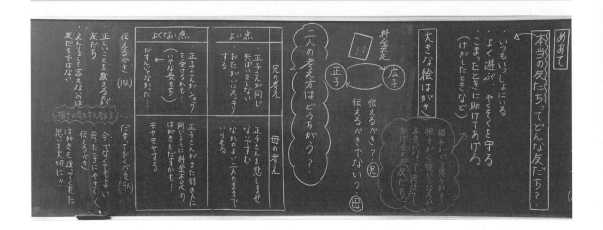

■ 「表を使ってメリット・デメリットを整理する」板書のポイント

Point 1　異なる考え方のメリット・デメリットを表に表す

　道徳の教材には，異なる考え方が示されているものがあります。アドバンス②で示した「年老いた旅人」（東京書籍）のように，明らかに一方の考え方がよいとされるものもあれば，本教材「大きな絵はがき」（東京書籍）のように，どちらの考え方にもそれぞれメリット（よい点）とデメリット（よくない点）があるものもあります。後者の教材は，モラルジレンマ教材として広く用いられてきました。

　このタイプの教材は，物事を多面的・多角的に考え，自己の生き方についての考えを深める観点からも，すぐさま「どちらの考えに賛成か」を問うのではなく，まずは2つの考え方の違いやそれぞれのメリット（よい点）・デメリット（よくない点）を明らかにしていくことが大切です。本授業の場合は，まずは板書にあるような課題（めあて）を設定し，学習前の自分たちの友達に対する考え方を話し合わせます。そして教材を読んだ後，「兄と母の考え方はどのように違いますか？」と発問し，考え方の違いを表に整理していくようにします。

Point2　表に整理した上でどちらに賛成かを話し合わせる

　一人一人に表を配付し，考え方の違いを整理させた上で発言させます。それぞれの考え方の違いが黒板上の表に整理されたら，ここでようやく「どちらの考え方に賛成ですか？」と発問します。ネームプレートを貼らせてもよいですし，挙手で人数を確認してもよいでしょう。ここでは事前に明らかにしたメリット（よい点）・デメリット（よくない点）をもとにしっかりと自分の考えを議論させるようにします。ときには「面倒くさいからわざわざ本当のことを言わない」というようなねらいとしてはやや価値の低い意見が出ることもあります。その際は「出てきた意見の中で，この理由には納得できないというものはありますか？」と問い，本当のことを言う・言わないという判断のみでなく理由に着目して議論させるようにします。

Point3　それぞれの意見の共通点を探らせる

　モラルジレンマ教材を授業したことがある方は経験があると思いますが，このタイプの教材は，議論そのものは活発になっても，議論に勝った・負けたという意識ばかりが強くなり，ねらいから大きく外れてしまうことがよくあります。また，なんとなく授業後の後味もよくありません。そこで大切なのが，最終的にそれぞれの考え方の共通点を探らせることです。

　例えば「大きな絵はがき」であれば，「今後のことを考えて本当のことを言う」という兄の判断も，「絵はがきをくれた相手の気持ちを考えて本当のことを言わない」という母の判断も，結局のところ「相手の今後や気持ちを第一に考える」という点では共通しています。授業の最後に「どちらの考え方にも共通していることはありますか？」と発問し，共通点に気づかせることが最大のポイントです。板書に示した授業では，授業の最初に出し合った「本当の友達とは？」という問いに対して，新たにふきだし（板書の右下参照）で価値を書き加えることで，価値の深まりを児童に実感させました。

　以下，「手品師」（文部省）という教材で，同様の展開をとった際の授業の板書を示しますので，「大きな絵はがき」の授業との類似点を考えてみてください。

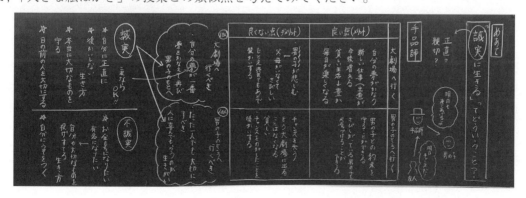

バロメーターで人物や自己を数値化する

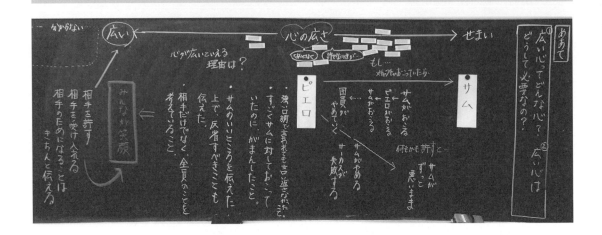

■ 「バロメーターで人物や自己を数値化する」板書のポイント

Point 1　黒板にバロメーターをかく

　バロメーター（指標）とは，状態や程度を推し量る基準となるもので，これまでも多くの道徳科の授業において広く活用されてきました。例えば，主人公の心情や葛藤を円グラフで表すというのも，その１つです。このバロメーターは，主人公の心情や葛藤だけでなく，客観的に自己を見つめ直す際にも有効に活用できます。「ブランコ乗りとピエロ」（文部科学省）の授業を例に説明します。

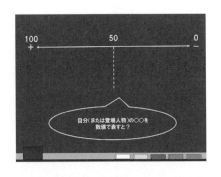

　授業はまず，黒板に１本の直線をかくことから始めます。一方をプラス，もう一方をマイナスとします。そしてすかさず「自分の心の広さを，プラス側を100，マイナス側を０とすると，どこになると思いますか？　ネームプレートを貼ってみましょう」と指示します。児童は迷いながらも自分の心の広さを数値で表していきます。「自分ではわからない」という児童がいれば，「わからないゾーン」を設けて，そこにネームプレートを貼らせます。なぜそこに貼ったのかを数人に説明させる中で，心の広さとは何なのかという問いを児童と一緒につくっていきます。

Point2　教材の人物の道徳性をバロメーターで表現させる

　教材を読んだ後は，お話の中に出てきた人物に焦点を当て，今度はその人物の道徳性についてバロメーターを用いて数値で表現させます。本授業の場合は，教材を読んだ後すぐに，「ピエロの心の広さを数値で表すとどれくらいですか？」と発問しました。ほとんどの児童が，高い数値を示したので，「どうしてピエロは心が広いといえるのですか？　心が広いといえる理由を探してみましょう」と発問し，教材文にサイドラインを引かせながら考えさせました。ある程度時間をとった後に，ペアやグループで交流させ，最後に全体で意見を述べさせました。この授業では，「サムに対して強く言い返さなかったこと」「反省すべきこともサムに伝えたこと」「自分のことだけでなく全体のことを考えていたこと」等の意見が出されました。

Point3　もしも登場人物が「0」だった場合を考えさせる

　続いて，「もしもピエロの心の広さが0で，サムに強く言い返していたらどうなっていたと思いますか？」と発問しました。すると，「団員の心がバラバラになってどんどんやめていく」「お客さんが悲しむ」などの意見が出されました。この場面の児童の意見は，バロメーターのマイナス側に板書しました。このようにバロメーターをうまく活用することで，心が広い場合と狭い場合の違いを，黒板に対比的に示すことができます。最後は，本時の学習課題でもある「広い心とは何か，またなぜ広い心が必要なのか」に対する答えを児童自身に考えさせ，振り返りを書かせて授業を終えました。このバロメーターは，授業の後半で自己を振り返らせる場面のみでも活用できます。例えば以下の「六千人の命を救った決断―杉原千畝―」（光文書院6年）の授業では，正義感について教材で学習した後に，自分の正義感を縦方向のバロメーターで表現させました。なお，バロメーターを用いる場合は，自分の数値は自分で決定する（他者が決めることではない），個々が自分で決めた数値に他の友達が意見してはいけないなどのルールを設けることも大切です。

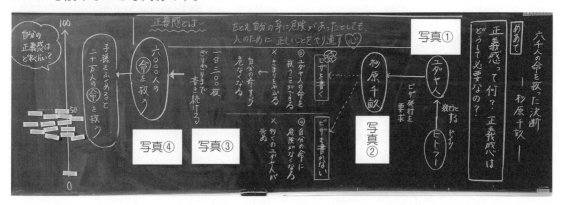

関係図で人物関係を整理する

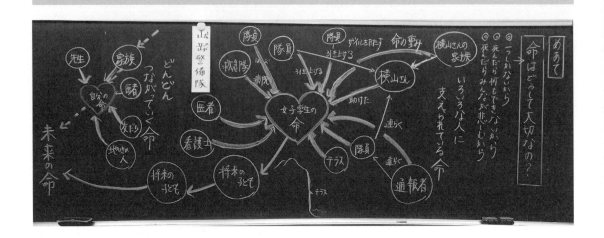

■「関係図で人物関係を整理する」板書のポイント

Point 1　中心となる人物を黒板の中央に書く

　関係図とは，人物と人物の関係を矢印などでつなぎ，どのような関係にあるのかを言葉や記号などでわかりやすく示した図のことです。高学年の国語科で，特に物語文の授業などでよく用いられる方法ですが，複数の人物が相互に関連しているような道徳科の教材にも適した方法といえます。

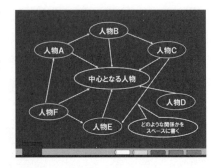

　関係図の使用方法は，大きく分けて２つあります。１つは，教材の人物関係を単純に整理するという方法です。ねらいに迫る発問はその後にあるので，いわば状況確認のために用いるという方法です。

　もう１つは，この関係図そのものを授業の中核に据えるという方法です。後者の方法を，「命をかけて命を守る―山岳警備隊―」（光文書院５年）の授業を例に説明します。本授業では，板書にあるような学習課題を設定し，なぜ命を大切にしなければならないのかを話し合わせました。実際の授業では，「命は１つしかないから」等の意見が出されました。その後教材を読み，今回のお話で命を助けられた「女子学生」を黒板の中心に書きました。

Point 2　誰が関連しているかを考えさせる

　この後，お話の中に誰が出てきて，どのように関連しているかを話し合わせてもよいですが，よりねらいに迫る展開にするためには，「○○なのは誰？」という発問が有効です。例えば，本授業であれば，「女子学生の命を助けたのは誰ですか？」と発問するとよいでしょう。児童は「もちろん横山さんです」とわかりきったように反応しますが，次第に「待って！　他にもいるよ！」と女子学生の命を助けた人を次々と見つけていきます。「仲間の隊員がいる」「通報した人もだし，医者だって看護師だってそう」「横山さんの妻や子もだよ。命の重みを受け取ったからこそ，横山さんもがんばれたんだよ」児童から出てきた意見を，板書で関係図にまとめていきます。

　タイミングをみて，今度は「では，女子学生が助かったことにより，他にも助けられた命はありますか？」と発問します。本授業では，「女子学生が将来母親になったときの子ども」「それなら，その子どもの子どももそう」「女子学生が命を救う仕事に就いたら，もっとたくさんの命が助けられるんじゃない？」と活発に意見が出てきました。今度は逆向きの矢印で，つながっていく命を関係図に表していきました。

　本授業は，命のつながりを児童に気づかせることがねらいでしたが，言葉だけではなかなか深く意味を理解させることは難しいと思われます。こうして関係図に表し，「つながり」を図化してこそ，価値を深く理解させることができると考えます。

Point 3　自分事として関係図を作成させる

　授業の後半では，ノートやワークシートを使って，今度は自分事としての関係図を作成させます。本授業であれば，「自分」を中心に書き，自分の命を支えてくれている人，そして今後自分が支えるだろう命について図化させていきました。

　以下，同様に関係図を用いた「森川君のうわさ」（光文書院6年）の授業の板書を示します。この授業では，「いけなかったのは誰？」という発問を中心に授業を展開しました。

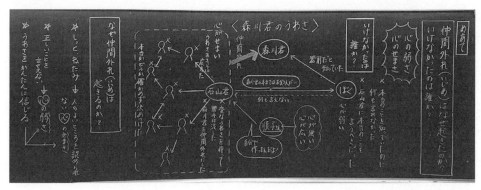

感情曲線で心惹かれた場面を話し合う

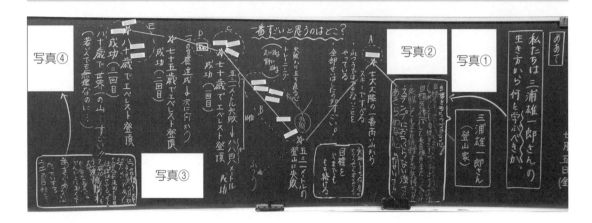

■ 「感情曲線で心惹かれた場面を話し合う」板書のポイント

Point 1　人物の人生を感情曲線で表す

　感情曲線とは，人物の人生を，喜びや満足などはプラス，悲しみやつらさなどはマイナスで，曲線を用いて表現したものです。道徳の教材には，苦難を乗り越えて大きな目標を達成した偉人（歴史上の人物やスポーツ選手など）を扱ったものが多く見られますが，こうした教材を扱う際に，この感情曲線は非常に有効な方法といえます。「夢に向かって―三浦雄一郎―」（光文書院6年）を例に説明します。

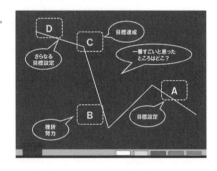

　本授業では，まず三浦雄一郎さんについて簡単に説明し，板書のようなめあてを設定します。次に教材を読み，三浦雄一郎さんの一生を感情曲線に表していきます。この感情曲線をつくること自体が学習の目的ではないので，「次は上がった？　下がった？」と問いながら，児童と相談の上，大まかに全体をつくっていきます。三浦雄一郎さんの場合，7大陸最高峰でのスキー滑降の成功から一転し，531mの登山に失敗。その後に努力を積んで70歳でエベレスト登頂に成功。その後も75歳，80歳でエベレスト登頂に成功したので，板書のような感情曲線になりました。

Point 2　心惹かれた場面を１つ選ばせる

　感情曲線ができたら，今度は「この中で自分が一番すごいと思ったところを１つ選んで，そこにネームプレートを貼りましょう」と指示します。この１つだけ選ぶというのが最大のポイントです。すごいところがたくさんある中で，「１つだけ」と限定することで，児童は真剣に悩み，深く考えるようになります。児童がネームプレートを貼ったら，板書にもあるように，大まかにA，B，C……とグルーピングしていきます。

Point 3　友達がなぜそこを選んだのかを予想させる

　自分が選んだところとその理由を本人に説明させてもよいですが，よりお互いの見方・考え方を共有させるためには他者に説明させる方法が有効です。例えば「Aを選んだ人の気持ちがわかりますか？」と発問しA以外を選択した児童にAを選択した人の気持ちを説明させるという具合です。いくつか意見が出た後にAを選んだ本人に自分の考えを説明させてもよいでしょう。本授業の場合は，「まず自分の夢を最初に実現させたことがすごい」「531mの登山にも失敗するくらい苦労したのに，そこからまたがんばろうと思い，努力したことがすごい」「エベレスト登頂という目標を達成したことがすごい」「１つの目標を達成した後に，また次の目標に向かって歩み始めたことがすごい」など，いろいろな意見が出されました。

Point 4　人物から自分が学んだことを一言で表現させる

　最後は三浦雄一郎さんから学んだことを一言で表現させ，黒板のあいたスペースにつくったふきだしの中に，一人一人チョークで書かせました。アドバンス⑮で詳しく紹介しますが，児童を直接板書に参加させるのも有効な方法です。以下は，「鑑真和上」（光文書院６年）の授業の板書です。授業で偉人を扱う際は，ぜひこの感情曲線の板書法を試してみてください。

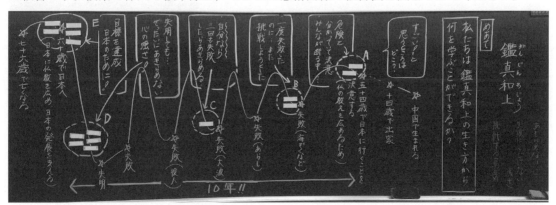

階段チャートでランクづけする

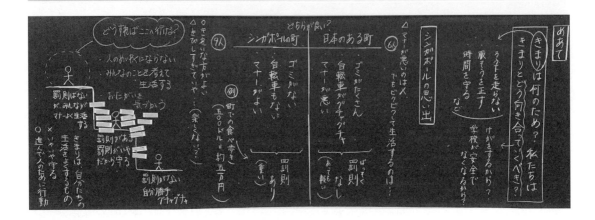

■ 「階段チャートでランクづけする」板書のポイント

Point 1　異なる考え方・対比する考え方を比較する

　階段チャートとは，右図に示したように，物事の優越を
階段状にランクづけしたものです。アドバンス②で示した
ような，教材の中に異なる考え方や対比的な考え方がある
場合におすすめの板書法です。階段チャートを使用する教
材の条件としては，先述したような対比的な考え方がある
こともそうですが，その考え方に明らかに優劣があること，
さらに教材にはないもう一段ランクの高い考え方が隠され

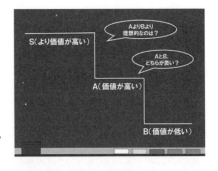

ていることが挙げられます。教材「シンガポールの思い出」（文溪堂）を例に説明します。
　授業では，まずシンガポールという国について簡単に説明し，その後，教材を読ませます。
そして「罰則がなくて汚れている町と，シンガポールのように罰則が厳しくてもきれいな町で
はどちらがよいですか？」と発問します。挙手で人数を確認した上で，議論を行わせるとよい
でしょう。教師は黒板を真ん中で分けて，児童から出てきた意見を次々に板書していきます。
アドバンス②で示したような，対比的な板書を心がけます。

Point2　児童の意見を踏まえて，階段チャートをつくる

　どちらがよいかという議論をすると，児童の意見はたいてい分かれるものです。私が授業した際は，「汚れているよりは，罰則が厳しくてもきれいな町がよい」という意見が多かったので，人数が1人でも多い方を一段高くした階段チャートを黒板につくりました。板書にもあるように，階段の下にその段の説明を簡単に書いておきます。

Point3　もう一段上の階段を考えてつくる

　この後が，階段チャートを用いた授業の最大のポイントです。「もしももう一段上があるとしたらどんな町ですか？」と発問し，よりよい町について考えさせます。もしも授業前半の議論の段階で，「どちらも嫌だ」という意見があったのであれば，「さっきどちらも嫌だという意見があったけど，どういう町だったらいいの？」と，ここで詳しく説明させてもよいでしょう。児童は，「罰則がなくて，しかもきれいな町」と答えます。そこで，「どうすればそんな町になるのでしょうか？」と切り返せば，「人の迷惑になる行動をしない」「みんながお互いのことを考えて生活する」などの意見が出てきます。

Point4　自分たちが階段のどこにいるかを考えさせる

　最後は，自分（自分たち）はこの階段のどこにいるかを考えさせます。罰則が厳しいからきまりを守っているレベルなのか，きまりの有無にかかわらず周りの人のことを考えて行動できているレベルなのか，もしくはきまりを守ることすらできていないのか，自分または自分たちの位置にネームプレートを貼らせるとよいでしょう。最後は今の自分と今後の自分について振り返りを書かせて授業を終えます。

　同様に階段チャートを用いた「温かいおまんじゅう」（光文書院6年）の授業の板書例を示します。本当の礼儀について考えさせることをねらいとして行った授業です。本当の礼儀は，言葉や態度だけでなく，真心をこめることが大切であることに気づかせました。

アドバンス⑧

ピラミッド図で階層化する

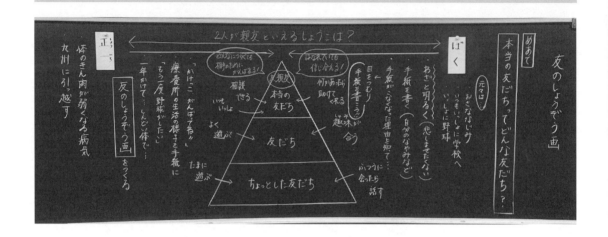

■ 「ピラミッド図で階層化する」板書のポイント

Point 1　黒板にピラミッド図をかく

　ピラミッド図とはその名の通り，項目をピラミッド状に
積み上げた図のことです。ピラミッド図の使用法は多種多
様ですが，道徳科の学習でも有効に活用できます。特に
「B　友情，信頼」の内容項目で活用するのがおすすめで
す。教材「友の肖像画」（文部省）を例に説明します。

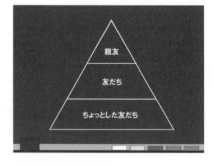

　授業では，いきなり黒板にピラミッド図をかくことから
始めます。「先生は何をかいているのだろう……」と児童
は興味津々で黒板を見つめます。そして，「この一番下を『ちょっとした友達』とします。そ
して真ん中を『友達』とします。すると，一番上はどんな言葉が入りますか？」と発問します。
児童は「本当の友達」「親友」などの言葉で表現します。そこで，「では，『ちょっとした友達』
と『友達』と『親友』では，何が違うのかな？」と発問し，ペアやグループでそれぞれの違い
を話し合わせます。児童から出てきた意見は，板書例のようにピラミッド図の周辺に白チョー
クで書き込みます。その上で，「本当の友達とはどんな友達か？」という課題を設定します。

Point2　登場人物がどの階層にあたるかを検討させる

　教材を読み，登場人物やお話の設定を確認した後に，「『ぼく』と正一は，このピラミッド図の中でいうとどんな友達ですか？」と問います。直感的に児童は，「親友だと思います」「親友よりも上の大親友だと思います」と発言します。「大親友」という意見が出てきた場合は，さらにもう一段上の層をつくってもよいでしょう。そして，「では，このふたりが大親友だといえる証拠は何ですか？」と発問し，教科書にサイドラインを引きながら考える時間を設けます。数分後，ペアやグループで交流する時間を設け，最終的に全体で発言させます。児童からは，「わざと悲しませまいと明るくしていたこと」「転校しても手紙でやりとりしていたこと」「正一が『ぼく』の肖像画を一生懸命かいたこと」「正一の気持ちを受け取った『ぼく』が涙を流してまた手紙を書こうと決めたこと」などの意見が出てくるので，どちらからどちらに向かう行為かを確認した上で，ピラミッド図の左右に記録していきます。

Point3　一番上の層について再度考えさせる

　教材の学習を踏まえて，再度一番上の層「親友」や「大親友」の意味について考えさせます。私が実際に授業を行った際は，「たとえ離れていてもお互いに信じ合えるのが親友」「どんなにつらくても相手のためにがんばれるのが親友」という意見が出ました。

　最後は，「みんなにこんな友達はいますか？」と児童に問い，今度は自分事として考えさせます。「いる」と答えた児童がいれば，具体的にどんな友達なのかを説明させます。クラス全員が「ここまでの友達はいない」という反応をした場合は，教師が自分自身の親友についてのエピソードを語るようにします。最後は，「ではみなさんもこういう友達をこれからつくっていけるといいですね」と投げかけて授業を終えます。

　以下は，同様にピラミッド図を用いた「たまちゃん，大すき」（東京書籍3年）における板書です。お話の前後のふたりの関係が，どの友達にあたるのかを中心に考えさせました。

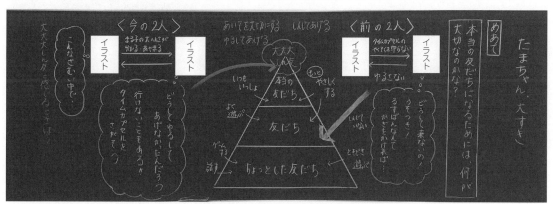

ベン図で共通点を探る

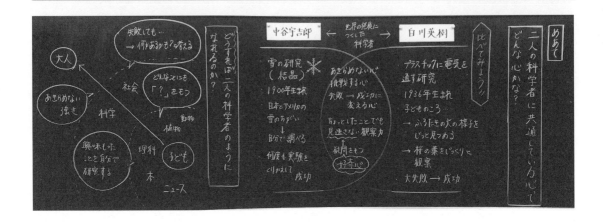

■ 「ベン図で共通点を探る」板書のポイント

Point 1　複数の人物（事象）をベン図で比較させる

　アドバンス⑨ではベン図を使った授業を紹介します。ベン図とは，共通点や相違点を考えさせる際に用いる思考ツールであり，多くの教科で活用できる便利なアイテムといえます。私自身，道徳科でこのベン図を用いるのは稀ですが，1年間で同じ価値について扱う授業を迎えた際に，このベン図は非常に役に立ちます。「『あたりまえ』をやぶるかぎ―白川英樹」（文溪堂）の授業で説明します。

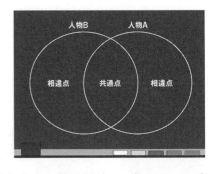

　この教材は，「真理の探究」がテーマですが，実はこの授業をする数か月前に，「天からの手紙」（文部科学省）で同一テーマの授業をしていました。取り上げられている人物が，真理をひたすら探究するという同じような展開であったため，同様の授業をすると，児童の興味・関心が薄れるのではと考えました。そこで考えたのがベン図を用いるという方法です。授業では，教材をまず読ませてから，その後ベン図を配りました。そして「白川英樹さんと中谷宇吉郎さんの共通点・相違点は何でしょう？　ベン図を使って考えてみましょう」と投げかけました。

Point2　まず相違点を述べさせてから共通点に迫る

　ベン図ができたら，まずは相違点，つまり重なっていない部分に書いたことを交流させます。これは，それぞれの人物に関する情報を整理するためでもあります。続いて，中央に書いた共通点について交流させます。「失敗を次の成功に生かしているところ」「ちょっとしたことでも見逃さない観察力」「探究心」などの意見が出されます。児童が授業の中で実際にかいたベン図を右に示しますので，参照してください。

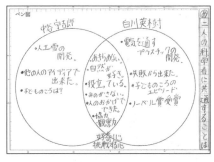

児童が作成したベン図

Point3　よりよい生き方を考えさせる

　その後，「どうすればこのふたりのようになれると思いますか？」と発問したところ，「興味をもったことを自分で研究する」「たとえ失敗しても，何か次に生かせることはないか考える」などの意見が出されました。最後はいろいろな発明家の有名な名言を紹介して授業を終えました。

　このベン図を使った授業は，実際に経験していただけるとわかると思いますが，教師がほとんど発問しなくても，複数の人物や事象を比較する中で，授業の核心に迫ることができます。また，今回は複数の教材を比較するという授業でしたが，1つの教材の中にある複数の事象を比較するという方法もあります。以下は，「花さき山」（日本文教出版）の授業の板書です。導入では「美しい心」について考えさせ，展開では赤い花が咲くときと青い花が咲くときの2つを比較し，共通点を考えさせました。本授業の場合，児童が共通点を考える中で，「人の幸せや笑顔のために，我慢することが美しい心」という結論を導き出しました。終末では，他にも花さき山の花が咲くときはないか，これまでの生活経験から考えさせました。なお，ベン図を使って板書する際は，相違点→共通点の順で発言させるのがポイントです。

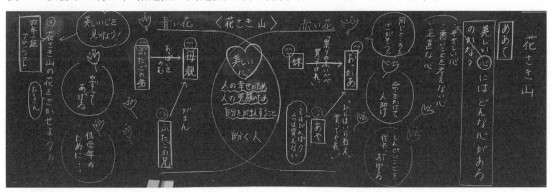

教材の中の人物と自己を比較する

■ 「教材の中の人物と自己を比較する」板書のポイント

Point 1　自分だったら…の行動を上側に書く

　道徳科の教科書の中には，時折感動的な教材があります。登場人物の行動が，予想をはるかに超えた価値の高いものであるとき，多くの読み手は心を打たれ，感動します。こうした教材を授業で扱う場合は，教材の中の人物と自己を比較する方法がおすすめです。「銀のしょく台」（文部科学省）を例に説明します。

　この型の授業では，教材を読む前に，お話の内容を部分的に説明することから始めます。「銀のしょく台」の場合は，「もしも刑務所から出てきた人が『泊めてください』とやってきたら……もしもその人が自分の家の大切なものを盗んでいったら……もしもその人が警察につかまって自分のところへやってきたら……あなたはどうしますか？」という３つのパターンについて考えさせました。板書にもあるように，児童は「絶対に泊めない」「盗んだことを許さない」などの意見を述べます。自分の立場を表明させて，人数を確認してもよいでしょう。こうした児童の意見は，黒板の上側に記録します。

Point2　教材を読み，登場人物の行動を下側に書く

　ここでようやく教材を読ませるわけですが，児童はすでに「自分だったら……」という視点で考えているので当事者意識をもって教材を読むようになります。「銀のしょく台」の場合は，ミリエル司教がジャンを許すどころか，さらにしょく台まで渡してしまうので，自分の考えていたこととのギャップに非常に驚くでしょう。教材を読んだ後はミリエル司教が3つの場面でどんな行動をとったのかを確認し，なぜそのような行動をとったのかを考えさせます。児童の意見は今度は黒板の下側に書きます。「銀のしょく台」の場合は，ミリエル司教がジャンに更生してほしいからこそ今回のような行動に出たのだということに気づかせます。こうすることで，教材の中の人物と自己の考え方の違いが対比的に黒板に整理されます。

Point3　教材の中の人物と自己を比較させる

　その後，対比的に整理された黒板を示しながら，「ミリエル司教にはあって，自分たちにはない『心』は何でしょう？」と発問します。「人を許す心」「本気で相手の今後のことを考える心」など，児童なりの意見が出されるので，黒板に記録していきます。その後は，「人を許す心があるとどんなよいことがありますか？」と自分たちの生活体験をもとに話し合わせてもよいですし，アドバンス④で説明したバロメーターを利用して，「自分には人を許す心がどれくらいありますか？」と数値で表現させてもよいでしょう。教材の中の人物と自己を比較することで，自分には何がたりないのか，今後どういう点を伸ばしていかなければならないのかが明確になります。アドバンス②に似ていると思われるかもしれませんが，アドバンス②で示した方法が，教材の中の異なる考え方を比較するのに対し，この方法は，教材の人物と自己を比較するという点で大きく異なります。また，教材を読むまでに比較的長い時間を費やすというのもこの方法の特徴といえるでしょう。主人公が予想外の行動をとる感動的な教材の際は，ぜひこの方法を活用してみてください。以下は，「六セント半のおつり―リンカーンの話―」（文部科学省）の授業における板書です。

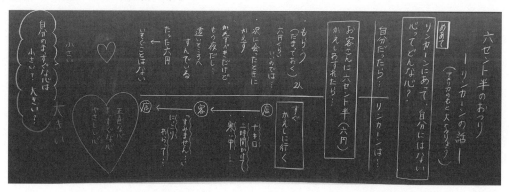

短冊を使って分類する

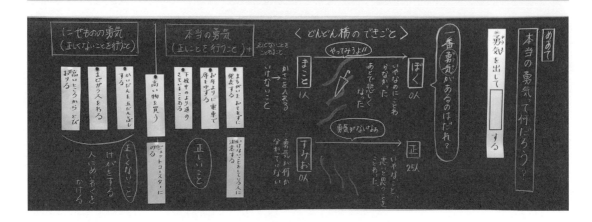

■ 「短冊を使って分類する」板書のポイント

Point 1　導入で出てきた意見を短冊に書く

　様々な教科でいろいろな情報や事例を分類する活動を行うことがあると思います。例えば，算数科でいろいろな三角形を辺の長さに着目して，正三角形・二等辺三角形・上記以外の三角形に分類するというのもその一例です。この「分類する」という手法は，道徳科の学習でも効果的に活用できます。「どんどん橋のできごと」（日本文教出版）を例に説明します。

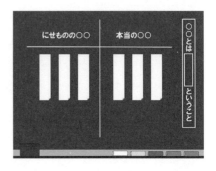

　授業では，まず「勇気を出して□□する」というカードを示し，□□に入る言葉や文章を考えさせることから始めます。「勇気を出して注意する」「勇気を出して高いところから飛び降りる」など，児童はたくさんの意見を出します。中学年の発達段階から考えると，「勇気を出していたずらをする」というような意見も多数出てくるでしょう。教師は児童から出てきた意見を，短冊にマジックで記入します。それらの短冊は一旦黒板の隅に貼っておきます。その上で，「では今日は本当の勇気とはどのようなものであるのか考えていきましょう」と課題を設定します。

Point2　教材を読み，ねらいとする価値について考える

　教材を読んだ後は，ねらいとする価値について考えます。後半で短冊を分類する活動を行うので，ここでの発問はあまり多すぎない方がよいでしょう。本教材の場合は，まず登場人物（ぼく，正，まこと，すみお）を確認した後に，「この中で一番勇気があるのは誰ですか？」と発問しました。しばらく考えさせた後に，人数を挙手で確認したところ，ほとんどの児童が正君を選択しました。理由を尋ねると，「悪いことをきちんと断ったから」「『ぼく』が落とした傘をすくい上げてくれたから」などの意見が出ました。そこで，「でも正君は『勇気がない』って言われているよ。傘を投げ入れた『ぼく』の方が勇気があるのでは？」と揺さぶりをかけたところ，「それは勇気ではない」「勇気とはよく考えて正しいことを行うこと」などの意見が出ました。正しいことを行うのが勇気であり，危険なことをしたり人に迷惑をかけたりするのは勇気ではないことを全体で確認しました。

Point3　前半で書いた短冊を分類する

　授業の後半では，前半で書いた短冊を，「本当の勇気」「にせものの勇気」という観点で分類する活動を行いました。「高いところから飛び降りるのはにせものの勇気だと思います。けがをするかもしれないので，正しいことではないからです」「いけないことをしている人に勇気を出して注意するのは，本当の勇気だと思います。注意することは正しいことだからです」一つ一つの発言に対し，他の児童の反応をうかがいながら，黒板上で分類していきます。中には「勇気を出して高い買い物をする」のように，本人の問題で，正しいとも正しくないともいえないものもあります。分類がはっきりしない場合は，板書にもあるように，中央に貼っておくようにします。前半で児童の素直な意見を引き出し，価値に気づかせた上で，それらを後半で分類させるのがポイントです。以下，「修学旅行の夜」（東京書籍）における，自由と自分勝手の違いについて考えさせた授業の板書を紹介します。

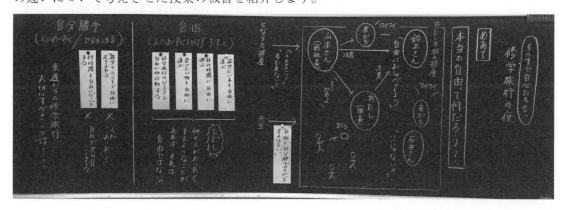

チャート図で新しい考えを生み出す

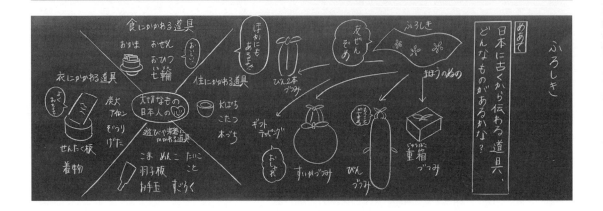

■ 「チャート図で新しい考えを生み出す」板書のポイント

Point 1　教材そのものを児童と一緒に楽しむ

　道徳科の授業には，「日本のよさにはどのようなものがあるか？」「外国人と仲良く交流するためにはどんな方法があるか？」というように，教材そのものやねらいとする価値について深く議論するよりも，それらを踏まえて新しい考えを生み出す活動に重点を置いた方がよい内容があります。このような場合は，チャート図を用いた板書が効果的です。「ふろしき」（文部省）を例に説明します。

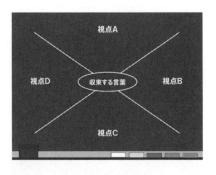

　授業では，まず本物のふろしきを児童に提示することから始めます。そして「このふろしきはどんな使い方があるのでしょう？」と発問し，ふろしきの使い方を児童に予想させてから教材を読ませるようにします。本教材ではふろしきのいろいろな使い方が紹介されているので，教師が実演したり，児童に体験させたりします。簡単に感想を述べさせてもよいでしょう。このように，本教材においては，登場人物の心情を追ったり，価値について深く議論させたりするよりも，まずは教材の内容そのものを児童と一緒に楽しむことから始めます。

Point2　チャート図で，視点を与えてから考えさせる

　次に，「日本に古くから伝わるものは他にも何かありますか？」と発問し，数名に発言させます。ある児童が「せんたく板」と言った場合は「なるほど。『衣』にかかわる道具だね」，別の児童が「こま」と言った場合は「そうか。『遊び』にかかわる道具かぁ」などと言いながら，グループ名をつけていきます。「ここのスペースは，『食』にしよう」と教師から視点を与えてもかまいません。いくつのグループをつくるかは教師の裁量だと思いますが，いずれにせよ，板書にもあるように，黒板に線を引きながら，チャート図をつくっていくのがポイントです。具体的な視点を与えた上で，「では，これから少し時間をあげるから，それぞれのグループで他に日本に古くから伝わるものがないか考えてみよう」と投げかけます。思いついたものを児童に発表させてもよいですし，思いきって児童に直接黒板に書かせるという方法もあります。板書に児童を参画させる方法についての詳細は，アドバンス⑮を参照してください。

Point3　出てきたアイデアを収束させる

　最後は「ここに出てきたものを一言でまとめるならどんな言葉でまとめられますか？」と発問し，出てきたアイデアを収束させます。一度拡散させた思考を，最後に収束させるのがポイントです。「古くから伝わる大切なもの」「日本人の心」など，出てきた意見は，チャート図の中央に記入します。また，「古くから伝わるものを大切にすべき？　すべきでない？」といった発問を通して，古くから伝わるものをなぜ大切にすべきなのかを考えさせてもよいでしょう。このように，登場人物の心情を追ったり価値について深く議論したりするよりも，そこから新しい考えを生み出す過程を重視すべき教材は，教科書の中に比較的多くあるものです。そうした教材で授業を行う際は，ぜひこのチャート図を用いた授業に挑戦してみてください。以下，世界の人たちと親しくなる方法についてチャート図を用いて考えさせた「いっしょに何をしようかな」（光文書院5年）の板書を示します。

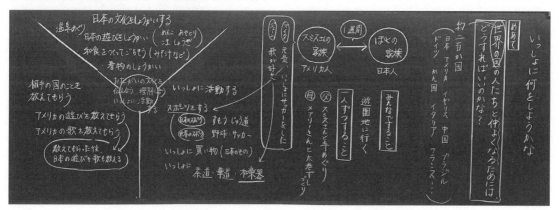

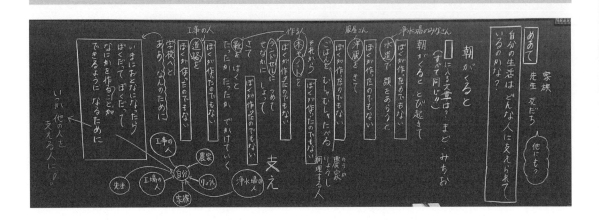

アドバンス⑬

マスキングで価値を焦点化する

■ 「マスキングで価値を焦点化する」板書のポイント

Point 1　重要なワードをマスキングする

　マスキングとは，重要な言葉や写真の一部などを隠して
提示したり見せたりすることで，児童の興味・関心を高め，
思考を促す上で有効な手段といえます。例えば授業の冒頭
で「本当のやさしさとは□□□ということ」といったカード
を示し，「今日の授業の最後にこの□□□に入る言葉を自分
で考えてもらいます」と言った上で授業を進める方法も，
マスキングの1つです。この他に，教材そのものの一部を
隠して提示するという方法もあります。「わたしたちの道徳　小学校三・四年」に掲載されて

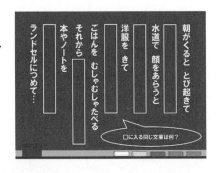

いる詩「朝がくると」（まど・みちお作）の授業を例に説明します。

　この授業では，板書にもあるように，1行ずつ黒板に詩を書くことから始めます。道徳ノー
トを使用しているクラスであれば道徳ノートに，なければ用紙を配付して，一緒に書かせると
よいでしょう。その際，「ぼくが作ったのでもない」というワードすべてと，詩の最後の4行
を隠して提示します。

Point2 　□に入る言葉を考えさせる

　「前半の□の中にはすべて同じ文章が入ります。さて，どんな文章でしょう？」と発問し，自由に考える時間を設けます。私がこの授業を行ったクラスでは，「きれいな」「なんとなく」などの意見が出てきました。□に入る文章が何か，児童の興味・関心が高まったところで，本当の文章「ぼくが作ったのでもない」を示しました。

Point3 　文章の意味を深く考えさせる

　□に入る文章を示すと，「あぁ，なるほどね」という児童と，「よく意味がわからない」という児童に分かれます。そこで，この「ぼくが作ったのでもない」とはどういう意味であるのかを深く話し合わせます。水道の水は誰がきれいにしてくれているのか，洋服やごはん，本やノートなどは誰が作ったものであるのか，一つ一つ考えさせることで，当たり前のように自分が使ったり食べたりしているものは，すべて誰かが作ったものであり，自分の生活はいろいろな人に支えられていることに気づかせていきます。一通り意見が出たら，今度は「この詩の中にあるもの以外にも，『ぼくが作ったのでもない』ものはありますか？」と発問し，さらに考えを広げ，感謝の気持ちを高めていくようにします。

Point4 　最後の4行の意味を考えさせる

　授業の後半では，最後の4行に入る文章を前半と同様に児童に予想させました。その上で，まど・みちおさんが書いた文章を示し，意味を解説させていきました。最後は，自分の生活を支えてくれている人を1人選び，その人に向けて短い感謝の手紙を書かせて授業を終えました。
　このマスキングという手法は，教材が詩などの短い文章であるときに，非常に有効です。なお，同じマスキングでも，写真の一部を隠す方法についてはアドバンス⑭を参照してください。以下，詩「花と枝と幹と根」（相田みつを作）を用いた授業の板書を示します。

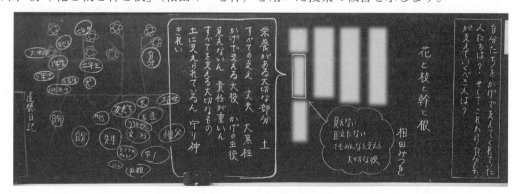

ICT 機器を活用して教材を提示する

■ 「ICT 機器を活用して教材を提示する」板書のポイント

Point 1　ICT 機器を用いて拡大提示する

　道徳科に限らず，どの教科の学習においてもいえること
ですが，わかる授業，楽しい授業を創るためには，視覚的
な支援が必要不可欠です。パソコン，電子黒板，タブレッ
ト端末等，近年様々な ICT 機器が学校現場に整備されつ
つありますが，これらの ICT 機器を用いて教材提示を行
えば，児童の集中力はアップし，かつ教師にとってもわず
かな負担で授業準備を行うことができます。

　以下，「わたしたちの道徳　小学校三・四年」（文部科学省）に掲載されている阪神淡路大震
災のエピソードの授業を例に説明します。この授業では，板書を見てわかるように，パソコン
とプロジェクターを使って授業を行いました。黒板に貼った白のボードの上に，画面を映し出
しています。電子黒板が整備されていればこのような準備の必要はありませんが，まだ整備が
進んでいない学校であれば，この方法をとることが最善です。授業では，まず画面上に阪神淡
路大震災の写真を数枚提示し，被害の大きさを実感させました。

Point2　マスキングで段階的に写真を提示する

　続いて，「その避難所の様子です。食べ物がなくてみんな困っています。黒い部分はどうなっているでしょう？」と言いながら，一部をマスキングした写真を提示しました。「みんなが押しかけてグチャグチャになっている」「奪い合いが起きている」など，多くの児童は混乱していると予想します。その上で，黒い部分を提示したところ，児童からは「すごい！　きれいに並んでいる」と驚きの声が上がりました。続いて，「なぜ苦しい中でもきちんと列をつくっているのでしょうか？」と問うと，「みんな苦しいのは同じだから」「助け合おうという気持ちがあるから」などの意見が出されました。このように，ICT機器を用いて提示の仕方を工夫するだけでも，気づかせたいポイントが焦点化され，より価値について深く考えさせることが可能となります。

　なお，授業の後半では，自分たちの生活の様子（図書室，授業中，給食時間等）の写真をICT機器を活用して提示し，どんな生活のきまりがあるかを考えさせました。

　以下は低学年の，「やくそくやきまりをまもって」（文部科学省）の授業の板書です。白地の模造紙にプロジェクターで画面を映し，児童の意見をマジックで書き込んでいきました。もちろん教材を拡大印刷すれば，同様の授業を行うことはできますが，準備の負担を考えると，ICT機器を活用した方がより少ない負担で授業を行うことができます。特に挿絵をもとに1時間考えさせていくことが多い低学年におすすめの方法といえるでしょう。

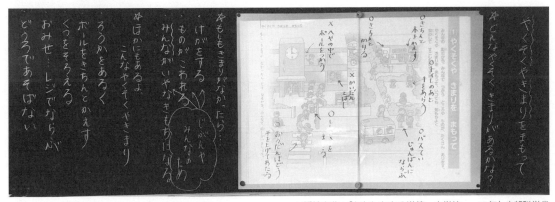

挿絵出典：「わたしたちの道徳　小学校一・二年」文部科学省

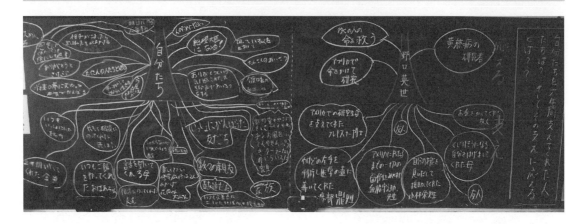

■ 「子ども自身を参画させる」板書のポイント

Point 1　教材や思考の流れを図化する

　主体的な学習を生む観点からも，子どもを板書に参画させること
はとても大切なことです。もちろん授業によっては教師がすべて板
書することもありますが，私自身も可能な限り，子どもが板書する
場を設けるようにしています。ここでは子どもを参画させる板書に
ついて，高学年教材「黄熱病とのたたかい」（文部科学省）の授業
を例に紹介します。

　子どもを板書に参画させようと思ったら，可能な限り，教材や思
考の流れを図化することをおすすめします。なぜなら，文章だけの
板書よりも，図で示された板書の方が，子どもが参画しやすいから
です。本授業の場合は，教材を読んだ後に，「野口英世を支えた人は誰ですか」と発問しまし
た。フレキスナー博士，渡部先生など，たくさんの人が野口英世を支えたわけですが，児童か
ら出た意見は，板書のように「根」として図化していきます。続いて，「野口英世はどんな形
でその支えに応えようとしていましたか」と発問し，今度は，それらを「葉」として表現しま
した。

Point 2　考えが整理できた児童から板書に参画させる

授業の後半では，「みなさんをこれまで支えてくれた人は誰ですか？　また，今後どのようにその支えに応えようと思いますか？」と発問し，野口英世のときと同じように，今度は自分のノート（またはワークシート）に樹木の図をかかせました。ある程度図がかけた児童から黒板の前に出て，白チョークでどんどん板書に参画させていきました。このように，子ども参画型の板書で授業を行う際は，たくさんのチョークが必要になります。一度にクラス全員が書くことができるぐらいの量のチョークを用意しておくことが大切です。

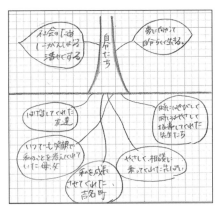

児童の道徳ノート

Point 3　みんなで創った板書をもとに自己を見つめる

板書が完成したら，「黒板を見て，『なるほどな』と思うことは，自分のノート（またはワークシート）に書きたしましょう」と指示し，友達の考えを自分の考えと結びつけるように促します。また，「黒板を見て，『この意見について詳しく聞いてみたい』というものはありますか？」と展開してもよいでしょう。いずれにせよ，子どもたちと一緒に，みんなで創り上げた板書です。撮影・印刷し，教室に掲示しておくことをおすすめします。

なお，この子どもを板書に参画させるという方法は，授業の後半のみでも活用できます。例えば，以下は「最後のひと葉」（光文書院6年）の授業の板書ですが，ジョンジーの心情の変化とその理由を確認した後に，「この物語から学んだことを黒板の左のスペースに自分の言葉で書き込んでみましょう」と指示しました。授業がやや停滞気味になってきたとき，一問一答形式に陥りそうなときにも，ぜひこの子どもを板書に参画させるという方法を試してみてください。きっと授業が活性化されるはずです。

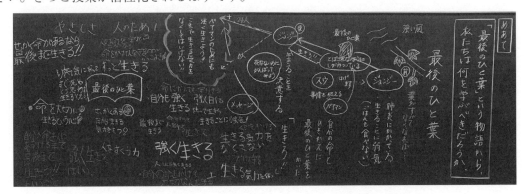

4章

スタンダード＆アドバンス板書を
活用した授業事例

── 事例 ──

01 川流れ式

2年生・くりのみ

（出典：日本文教出版　他）

▙ 授業＆板書のポイント

❶授業のねらい・ポイント

　本授業では，身近にいる人に温かい心で接し，親切にすることの大切さに気づかせるとともに，自分自身も周りの人にやさしく接しようとする態度を育てることがねらいとなります。低学年という発達段階は，自分のことばかり考えて，相手にやさしい気持ちをもつことができにくい時期でもあります。一方で，たとえ親切な行動が生まれても，そのやさしさに気づかず，当たり前のように受け止めてしまうこともあります。自分がやさしくされてうれしかった経験を出し合う中で，人に親切にすることの大切さに気づかせていくことがポイントとなります。

❷本授業への板書アプローチ

　本教材の特徴として，主人公であるきつねの心情が大きく変容していることが挙げられます。また低学年教材ということで，場面絵も非常に充実しています。これらを踏まえると，道徳科の授業の基本となる川流れ式板書でのアプローチが効果的といえるでしょう。

　授業では，4つの場面絵を時系列で黒板に配置します。1枚目では登場人物を確認し，2～4枚目ではきつねの心情を話し合わせます。特に3枚目から4枚目にかけてのきつねの心情の変化に気づかせることが授業のポイントです。後半では，今後のきつねの行動を予想させ，周りの人に温かい気持ちで接することの大切さに気づかせます。ふきだしや矢印などをうまく使いながら，黒板全体できつねの変容が視覚的にわかるようにしていくことがポイントです。

❸教材の概要

　北風の吹く原っぱで，きつねとうさぎが出会い，それぞれが食べ物を探しに行きます。すぐに食べ物を見つけたきつねは，それを食べた後，残りを落ち葉の下に隠します。しばらくしてうさぎに会ったきつねは，「見つかりませんでした」とうそをつきます。するとうさぎが，苦労して見つけた2つのくりの実のうちの1つをきつねに差し出します。きつねは，そのうさぎのやさしさに涙し，自分の行為を後悔します。

■ 本時の流れ

(1)主題名　温かい心

(2)教材名　くりのみ（出典：日本文教出版）

(3)ねらい　人に対して温かく接し，親切にすることの大切さに気づかせる

(4)展開の大要

	学習活動　主な発問（○）と予想される子どもの反応（・）	指導上の留意点（◇）
導入	1　涙が出るときについて話し合う ○涙が出るときってどんなときですか？ ・親や先生にしかられたとき ・生き物が死んだとき 2　最後の場面絵を見て，めあて（学習課題）を確認する ○この絵を見てください。誰が涙を流していますか？ ・きつねだ！　どうして泣いているのかな……	 ◇最後の場面絵を示し，きつねがなぜ涙を流しているのかという問いをもたせる
	きつねはどうして涙を流しているのだろう？	
展開	3　教材「くりのみ」を読み，登場人物を確認する 4　場面ごとのきつねの心情を話し合う ○きつねはどんな気持ちでどんぐりを隠しているのでしょう？ ・あとで自分だけ食べよう。絶対にあげないぞ ○きつねはどんな気持ちでうそをついたのでしょう？ ・あげるもんか。あれはぼくの食べ物だ ○きつねはどうして涙を流したのでしょう？ ・うれしかったから ○たった1つなのにどうしてうれしいのですか？ ・本当は自分も食べたいはず。そのやさしさがうれしかった ○この後きつねはどうすると思いますか？ ・くりをうさぎにわけてあげる。やさしくなる	◇教師の範読 ◇1枚ずつ場面絵を示しながら，きつねの心情を話し合わせる ◇くりの実をくれたことよりも，そのやさしさがうれしかったことに気づかせる ◇続きの話を考えさせる
終末	5　人にやさしくされた経験を話し合う ○みなさんも誰かにやさしくされたことはありますか？ ○先生もやさしくされてうれしかったことを話します。前に……	◇経験を出し合い，余韻をもって学習を終える

(5)評価　人に対して温かく接し，親切にすることの大切さに気づくことができたか

■ 授業の実際

❶導入

　導入には大きく分けて,「主題にかかわる問題意識をもたせる導入」と「教材の内容に興味や関心をもたせる導入」の2パターンがあります。本書で取り上げている授業のほとんどが,前者のパターンですが,登場人物の変化に着目した川流れ式板書（スタンダード①）や考え方の変化を示す（スタンダード②）授業においては,後者の導入の方が効果的です。登場人物の変容の理由を探る中で,ねらいとする価値に気づかせる過程を重視するからです。

　本授業においては,まず「**どんなときに涙を流しますか？**」と発問します。「家族や先生にしかられたとき」「兄弟げんかをしたとき」等の意見が児童から出てきます。導入では,心の耕しが大切ですので,ここでしっかりと自分の生活経験を語らせます。

　次に,「**この絵を見てください。誰が涙を流しているかな？**」と言いながら,きつねが泣いている最後の場面絵を提示します。「きつねが泣いている！」と児童が反応するので,「**では,きつねがどうして涙を流すことになったのか,お話を読んで一緒に考えてみましょう**」と授業を展開します。めあてもこのタイミングで黒板に書くとよいでしょう。こうすれば,児童は「なるほど。今日のお話はきつねが涙を流すのだな。では,どうして涙を流すことになったのか考えながら読んでいこう」と問題意識をもって教材を読むようになります。

❷展開

　教材を教師が範読した後,まず「**このお話には誰が出てきましたか？**」と発問します。「きつねとうさぎ」と児童が反応するので,このタイミングで1枚目の場面絵を貼ります。ふたりとも食べ物がなくて困っていることを簡単に確認します。次に,2枚目の場面絵を貼りながら,「**きつねはどんな気持ちで食べ物を隠しているのでしょう？**」と発問します。

　「しめしめ,黙っておけば自分だけ食べられるぞ」

　「うさぎには絶対言うもんか」

　児童から出てきた意見は,板書例にあるように,ふきだしで黒板に書きます。

　同様に,3枚目の場面絵を提示しながら,「**きつねはどんな気持ちでうそをついたのでしょう？**」と発問します。ほぼ2枚目のときと同じ意見が出てきますが,ここでも同様に,きつねの気持ちをふきだしを使って黒板に書きます。

　そしていよいよ導入でも示した4枚目の場面絵を提示します。「**このとききつねはどんな気持ちでしょう？**」「**きつねはどうして涙を流しているのでしょう？**」ここでの発問はどちらでもよいと思います。児童は「うさぎがくりの実をくれてうれしかったから」という旨の発言をすることが予想されます。この後の切り返しが,本授業の最大のポイントです。

【板書例】

挿絵出典：高瀬のぶえ・絵（『小学どうとく　生きる力2』
日本文教出版〈2020年度版〉）

　2枚目の場面絵と比較しながら，「でも，きつねは食べ物をたくさん隠しているんだよね。たった1つなのに，どうしてうれしいの？」と発問します。

　「うさぎも本当は両方食べたいのに，そのうち1つをわけようという気持ちがうれしかった」

　「自分は全部ひとりじめしようとしたのに，うさぎはわけてくれた。やさしさがうれしかった」

　この場面が授業の中心となるので，少し時間をかけて展開します。個々の発言を，「今，○○君が言ったことをもう一度説明できる人？」と全体に広げるのがポイントです。

　この後は，スタンダード②で示したように，「この後，きつねはどんな行動をとったと思いますか？」と発問し，お話には書かれていない続きの話を考えさせます。

　「うさぎにうそをついたことを謝って，どんぐりをわけたと思います」

　「やさしいきつねになって，他の動物にも食べ物をわけたと思います」

　児童の意見は，さらに矢印でつないで，続きの話として黒板に記録します。いじわるなきつねとやさしいきつねでは，どちらがよいかを話し合わせることも考えられます。

❸終末

　終末では，人にやさしくされてうれしかった経験を出し合わせます。

　「○○君が，ぼくがけがをしたときに，『大丈夫？』と言ってくれました」

　「○○さんが，係の仕事を手伝ってくれました」

　この発達段階の児童は，自分の経験を抵抗感なく話すので，ここでしっかり時間をかけるとよいでしょう。なお，最後は教師自身も自分の体験談を話して授業を終えるようにします。

　「前に先生が困っているときに，○○さんが手伝ってくれました。すごくうれしくて，きつねさんのように涙が出そうになりましたよ」

　その体験談がクラスの話題であれば，なおよいと思います。教室中が温かい雰囲気になり，余韻をもって学習を終えることができます。

02 考え方の変化

3年生・まどガラスと魚

（出典：日本文教出版　他）

▉ 授業＆板書のポイント

❶授業のねらい・ポイント

　本授業のねらいは，過ちは素直に改め，正直に明るい心で生活しようとする心情及び態度を育てることです。過ちを犯したとき，人はついうそを言ったりごまかしたりしてしまいがちです。しかし，それは他者をあざむくだけでなく，自分自身をも偽ることになります。他者の信頼を失うだけにとどまらず，自分自身の中に後悔や自責の念などが生じることになります。授業では，正直にならないとただ相手に迷惑をかけるだけでなく，自分自身が明るい気持ちで生活できないことに気づかせていくことがポイントになります。

❷本授業への板書アプローチ

　本教材は，主人公である千一郎が，葛藤し，大きく考え方を変容させるという特徴をもっています。川流れ式でも授業はできますが，変容したきっかけを考えさせる方がより価値に深く迫ることができるので，スタンダード②で示した考え方の変化による板書アプローチをとります。場面絵は，主に千一郎がガラスを割った家の前で迷っている場面と最後に正直に謝っている場面の２つを取り上げます。この２枚を用いて千一郎の変容を確認し，その理由を探っていくという展開です。２つの場面絵の間にスペースをとり，そこでの千一郎の気持ちの変化を話し合わせます。最後は，場面絵を用いて，千一郎が迷っている場面と，正直に謝った場面を比較させ，どちらが気持ちよく生活できるかを考えさせます。

❸教材の概要

　友達とキャッチボールをしていて，よその家の窓ガラスを割ってしまった千一郎は，謝らなくてはいけないと思いつつ，その場から逃げてしまいます。翌々日，気になった千一郎がその家の前を通ると，「ガラスをわったのはだれだ？」と書かれた紙が貼ってありました。その日の夕方，近所のお姉さんが，自分の飼っている猫が魚をとったのではないかと，一軒一軒近所の家を回っていました。その姿を見た千一郎は，正直に窓ガラスを割ったことを謝りに行きます。

■ 本時の流れ

(1)主題名　自分に正直に

(2)教材名　まどガラスと魚（出典：日本文教出版）

(3)ねらい　過ちは素直に改め，正直に明るい心で生活しようとする心情・態度を育てる

(4)展開の大要

	学習活動　主な発問（○）と予想される子どもの反応（・）	指導上の留意点（◇）
導入	1　物を壊した経験について話し合う ○何か物を壊してしまったことはありますか？ ・花瓶を壊してしまった。黙っていて後でしかられた ・遊んでいて掃除道具を壊してしまった。すぐ謝った 2　めあて（学習課題）を確認する | 正直であることはどうして大切なのだろう？ |	◇物を壊した経験と，その後どのような行動をとったかについて経験を語らせる
展開	3　教材「まどガラスと魚」を読み，登場人物を確認する 4　遠回りして家の前に行ったときと正直に謝ったときの2つの場面における千一郎の行動や心情の変化について話し合う ○遠回りして家の前に行った千一郎はどんな気持ちでしょうか？ ・謝った方がよかったかな……。でもしかられるのは怖いな…… ○最後に千一郎はどうしましたか？ ・おじいさんに謝りに行った ○謝りに行く前の日の晩，どんなことを考えたのでしょうか？ ・お姉さんを見て自分も正直にならないといけないと思った ・このままだと後悔すると思った ○迷っているときの千一郎と謝った後の千一郎では，どちらが明るい気持ちでしょうか？ ・謝った後。すっきりしたと思う	◇教師の範読 ◇2枚の場面絵をもとに，それぞれの千一郎の心情を話し合わせる。特に家の前に行った際は，千一郎が葛藤していることをおさえる ◇2つの場面を比較させ，どちらが明るい気持ちかを考えさせる
終末	5　正直に謝ってすっきりした経験を話し合う ○みなさんも正直に謝ってすっきりしたことはありますか？ ○先生も子どもの頃のことを話します。前に……	◇教師の体験談を語る

(5)評価　過ちは素直に改め，正直に明るい心で生活しようとする思いをもつことができたか

■ 授業の実際

❶導入

　本教材「まどガラスと魚」も，事例01の「くりのみ」と同様に登場人物の心情が大きく変容するタイプのお話です。そこで，「教材の内容に興味や関心をもたせる導入」をとるのが得策と考えます。授業ではまず，「今までに物を壊してしまった経験はありますか？」と発問します。児童はこういう失敗談を語るのは大好きなので，たちまち教室が笑いに包まれるでしょう。続けて，「では，みんなは物を壊してしまった後，どうしましたか？」と発問します。「すぐに見つかってしかられた」「黙っていて余計にしかられた」「すぐに謝った」「まだ見つかっていない」いろいろな反応があるでしょう。その上で，「でもそういうとき，正直であった方がいいのは確かだよね。では今日は，どうして正直であることが大切なのかをみんなで考えていきましょう」と展開します。めあてもこのタイミングで書くようにします。

❷展開

　教材は，教師が範読します。教材を読み終えた後に一番にすべきことは，状況確認です。「誰と誰がキャッチボールをしていたのかな？」「窓ガラスが割れて，ふたりはどうしたの？」ここでは特に挙手はさせずに，座ったまま発言させてもよいでしょう。状況確認は，テンポよく行うことが大切です。

　次に，翌々日千一郎が，窓を割ってしまった家の前をわざわざ通ったときの場面絵を提示し，「このとき千一郎はどんな気持ちだったでしょう」と発問します。

　「謝った方がいいのかな。でもしかられるのは嫌だな……」

　「おじいさん，ごめんなさい。でも勇気が出ないな……」

　ここで大切なのは，謝りたいけれどしかられるのは嫌だ……というように，千一郎の葛藤をとらえさせることです。もし「ごめんなさい」「謝りたい」という発言に偏れば，「なぜすぐに謝りに行かないのかな」と切り返します。反対に，「見つかったら嫌だな」「バレなければいいな」という発言に偏れば，「それならどうしてわざわざ遠回りして家の前を通るの？　見つかってしまうよ」と切り返します。ここでは，とにかく千一郎の揺れ動く気持ちを両方出させることがポイントです。出てきた考えは，板書例のように，「謝りたい」「しかられたくない」という2つの思いが対比的になるように板書します。ふきだしを使い，2つの気持ちを異なる色で書くという方法もあります。

　続いて，「では千一郎は最後にどうしましたか？」と問うと，児童はすぐに「謝りに行った」と反応します。そこで，葛藤している場面の場面絵から矢印をかいて，謝っている場面の場面絵をややななめ上に貼ります。間のスペースをしっかりあけて貼るのがポイントです。

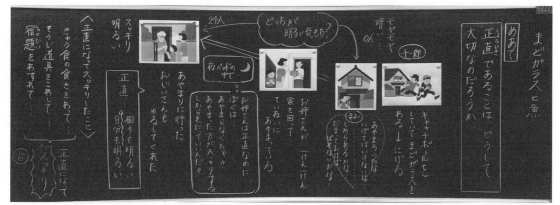

【板書例】

挿絵出典：中川学・絵（『小学どうとく　生きる力3』
日本文教出版〈2020年度版〉）

　この後の展開が，本授業では中心になります。まずは「**千一郎はどうして謝りに行こうと決意したのでしょう？**」と発問します。児童は「お姉さんが謝っているのを見たから」と反応するでしょう。その際，間のスペースに，お姉さんの姿を見たときの場面絵を追加で貼ります。その上で，「**では，お姉さんの姿を見た日の夜，千一郎はベッドの中でどんなことを考えていたでしょうか？**」と発問し，謝ることを決意した千一郎の心情を話し合わせます。

　「お姉さんは正直に謝ろうとしていたのに，ぼくはいけないな」

　「ぼくも正直になって，おじいさんに謝りに行こう。このままモヤモヤしているのは嫌だ」

　2枚の場面絵の間のスペースに，児童の意見をふきだしを使って書き込んでいきます。

　さらに追加で，「**謝ろうかどうか迷っている千一郎と，謝った後の千一郎では，どちらが明るい気持ちだと思いますか？**」と発問します。どちらが明るい気持ちだと思うか，挙手またはネームプレートで考えを表明させます。少し時間をとって，ペアやグループで話し合う時間を設けてもよいでしょう。

　「謝った後の方が明るい気持ちだと思います。だって，謝らなかったら，モヤモヤした気持ちのままだからです」

　正直になることは，自分自身が明るい気持ちで生活する上で大切だということに気づかせることがポイントです。

❸終末

　終末では，正直に謝ってスッキリした経験を出し合わせます。

　「前に食器を割ってしまったけど，正直に謝ってスッキリしました」

　「掃除道具を壊したことをずっと黙っていてモヤモヤしました。でも正直に謝ったら，気持ちが明るくなりました」

　最後は教師も経験を語って授業を終えます。教師の失敗談は，児童の心に深く響くものです。

── 事例 ──

03 価値の検討

4年生・心と心のあく手

（出典：文部科学省　他）

■ 授業&板書のポイント

❶授業のねらい・ポイント

　本授業は，誰に対しても思いやりの心をもち，相手の立場に立って親切にする心情を育てることを主なねらいとしています。この発達段階の児童は，その多くが「親切＝手を差し伸べること」というとらえをしています。しかし本当に大切なのは，相手の立場に立つことであり，ときには相手のことを考えてそっと見守ることも親切な行為といえるでしょう。授業では，児童がこの親切についての新しい考え方を自ら発見し，実践していこうと思えるような展開を工夫することがポイントとなります。

❷本授業への板書アプローチ

　本教材は，主人公の男の子が，おばあさんとのやりとりを通して，本当の親切について学んでいくという流れになっています。このような教材を扱う際は，スタンダード③で示した，価値の検討による板書アプローチが効果的です。授業の前半では，親切とはどのような行為であるのかを児童に考えさせます。教材を読んだ後は，主人公の男の子の行為について考えさせ，ときには相手のことを考えて温かく見守ることも親切であることに気づかせていきます。授業の前半で児童から出された親切についての考え方を黒板の右側に，授業の後半で新しく生まれた考え方を左側に板書することで，価値の深まりを児童に自覚させることができます。

❸教材の概要

　主人公の「ぼく」は，学校の帰り道，重そうな荷物を持って歩いているおばあさんに出会います。「ぼく」は勇気を出して，「荷物，持ちます」と声をかけますが，おばあさんからは，「家まですぐだからいいですよ」という返答を受けます。その後母から，そのおばあさんは体が不自由で，歩く練習をしているのだという事実を聞かされます。数日後，再びおばあさんに出会った「ぼく」は，おばあさんの後ろをついて歩いていき，心の中で応援しながらそっと見守ります。「ぼく」はこのとき，本当の親切が何であるのかに気づきます。

■ 本時の流れ

(1)主題名　相手のことを考えて

(2)教材名　心と心のあく手（出典：文部科学省）

(3)ねらい　本当の親切とは，相手の置かれている状況や困っていることなどを想像し，相手にとって最もよい行為を行うことであることに気づく

(4)展開の大要

	学習活動　主な発問（○）と予想される子どもの反応（・）	指導上の留意点（◇）
導入	1　「親切な行動」について考える ○「親切」とはどういうことでしょうか ・誰かのために何かをしてあげること ・困っている人を助けてあげること 2　めあて（学習課題）を確認する 本当の親切とは何だろう？	◇児童の意見は，Ａ・Ｂ・Ｃ ……と記号をつけて分類する
展開	3　教材「心と心のあく手」を読む 4　「ぼく」の親切について，2つの場面を比較しながら考える ○「ぼく」の親切はいくつありますか？　どんなところですか？ ・「荷物，持ちます」と声をかけたところ ・そっと後ろをついていったところ ○（2枚の場面絵を示しながら）1枚目の親切と2枚目の親切は同じですか？　違いますか？ ・違う。1枚目は声をかける親切。2枚目はじっと見守る親切 ○今回の場合は，どちらがより親切といえますか？ ・2枚目。おばあさんのことを本気で考えている 5　再度「親切」について考える ○本当の親切とは何でしょうか？ ・相手の立場に立つ。相手の気持ちをよく考える	◇教師の範読 ◇「いくつ？」とあえて数を問うことで，「ぼく」の親切を見つけようとする意欲を高める ◇2つの親切の違いが対比的になるように黒板に整理する ◇黒板の左側に，親切についての新しい考え方を書く
終末	6　教師の体験談を聞く ○見えない親切，先生も受けたことがあります。前に……	◇温かい雰囲気で授業を終える

(5)評価　本当の親切とは，相手の置かれている状況や困っていることなどを想像し，相手にとって最もよい行為を行うことであることに気づくことができたか

▌ 授業の実際

❶導入

　本授業では，本当の親切について考えさせることが中心的な課題となります。このような授業の場合は，これまでの事例01・02と異なり，「主題にかかわる問題意識をもたせる導入」を行うのが得策といえます。そこで授業は，教師が黒板に「親切とは何か」という明確なめあてを書くことから始めます。

　「親切とは，人にやさしくすることです」

　「親切とは，困っている人を助けてあげることです」

　児童の意見に対し，**「例えばどういう行動がありますか？」**と切り返し，親切の具体を話し合わせます。児童から出てきた意見をすべて板書するのではなく，右の写真にあるように，A・B・Cと記号をつけながら，ある程度分類して書くようにします。その上で，**「今日は本当の親切とはどういうことなのか，みんなで考えていきましょう」**と展開します。

❷展開

　教材を教師が範読した後，まず**「『ぼく』の親切はいくつありましたか？」**と発問します。すると，児童は教材を再度読みながら，「ぼく」の親切な行動を必死に探し始めます。見つけた「ぼく」の親切な行動には，サイドラインを引かせるようにします。この「○○はいくつありますか？」という発問は，児童に教材全体を読ませる上で非常に効果的です。もちろん実際にいくつあるかは大きな問題ではありません。数を意識させることで，児童に問題意識をもって教材を読ませることができます。

　しばらく時間をとった後に，**「いくつ見つけましたか。これから数を言うので，手を挙げてください。1つ，2つ，3つ……」**と聞き，その後，どんな親切を見つけたか全体で発言させます。

　「おばあさんに『荷物，持ちます』と声をかけたことです」

　「家の用事があったけど，じっとおばあさんのことを見ていたことです」

　「おばあさんの後ろをそっとついて歩いたことです」

　児童の発言に対して，**「ただ見守っただけなのに，これも親切に入るの？」**と切り返します。

　その上で，親切とは目に見える行為だけではなく，相手を気づかうことも含まれることをおさえます。なお，児童から出てきた意見は，最初に声をかけた日の親切と，数日後にそっと見守った日の親切とで，分類しながら書いていきます。板書例にあるように，それぞれの場面絵を黒板の上に貼り，その下に分けて書くようにするとよいでしょう。

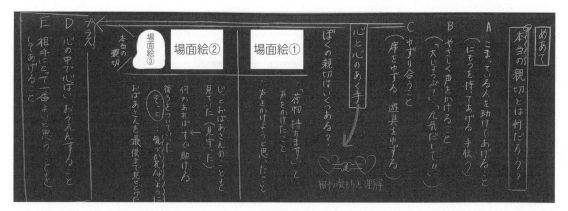

【板書例】

　「ぼく」の親切な行為が一通り出たら，今度は**「初めておばあさんに会った日の親切と数日後に会ったときの親切は同じですか。違いますか？」**と発問します。児童は「違う」と答えるので，何が違うのかを考えさせます。ここが本授業のポイントとなるので，ペアで話し合わせるなどして，じっくり時間をかけるとよいでしょう。

　「やさしくしているという点では同じだと思います」

　「違います。1日目は，おばあさんのことをよく知らずに，直接声をかけた親切。2日目は，おばあさんのことをよく知って，その上で見守った親切」

　「1日目は目に見える親切。2日目は目に見えない心の親切」

　児童の意見を，色チョークを使って板書していきます。その上で，**「今回の場合は，どちらがより親切といえますか？」**と発問します。

　「2日目だと思います。おばあさんが何に困っているかをよく考えて，心の中で応援しているからです」

　授業の後半では，**「今日の授業は本当の親切について考えることでした。みなさんが最初に言ったA～C以外に，親切とはこういうものだとわかったことはありますか」**と発問します。

　「そっと見守り，心の中で応援することも親切です」

　「親切とは，相手が本当に困っていることをよく考えて，やさしく行動することです」

　児童の意見は，黒板の一番左側に新しく書き加えます。このように，1時間の授業で新しく学んだことを明確にできるのが，この板書型授業のよさといえます。

❸終末

　いろいろな終末が考えられますが，最後はやはり温かい気持ちで授業を終えるためにも，教師が体験談を語ることをおすすめします。目に見えない心の親切，探してみるとけっこうあるものです。ぜひこれまでの経験を思い出して，そのよさを児童に伝えるようにしましょう。

—— 事例 ——

04 ウェビングマップ

5年生・うばわれた自由

（出典：文部科学省　他）

授業＆板書のポイント

❶授業のねらい・ポイント

　本授業は，自由を大切にし，自律的に判断し，責任のある行動をとることの大切さに気づかせることを主なねらいとしています。高学年は，自主的に考え，行動しようとする傾向が強まる時期です。一方で，自由のとらえ違いをして相手や周りのことを考えず，自分勝手な行動をしてしまう時期でもあります。そこで授業においては，自由と自分勝手の違いを明確にし，自由な考えや行動のもつ意味や，その大切さを実感できるようにしていきます。

❷本授業への板書アプローチ

　「自由」という言葉から思いつくことをイメージさせると，多くの児童は，勝手気ままに行動するというようにとらえがちです。そこで，授業の前と後で価値の深まりを実感させるためにも，本授業においては，ウェビングマップを用いて板書アプローチを行います。授業の前半で，「自由」という言葉からイメージをふくらませた後に，教材を通しての学習を展開します。そして本当の自由について考えさせた後に，再度授業の後半で，本当の自由の意味についてウェビングマップに書き加えさせるという展開をとります。また本教材には，ジェラール王子とガリューというふたりの異なる考え方があるので，それらを対比させることで，価値に迫るという方法をとります。

❸教材の概要

　王子ジェラールは，自由の意味をはき違えています。ジェラールの考える自由とは，勝手気ままに行動することです。一方で森の番人ガリューは，自由とは，周りの迷惑を考え，自らを律する上で成立するものであるという考えをもっています。ガリューは，自分勝手に狩りを行うジェラールに逆らったことでろう屋に入れられてしまいますが，最終的には，ジェラール自身が，裏切りにあい，とらわれの身となります。一足先にろう屋を出ることになったガリューは，ジェラールに，本当の自由を大切にして生きていこうと告げてその場を去ります。

■ 本時の流れ

(1)主題名　本当の自由

(2)教材名　うばわれた自由（出典：文部科学省）

(3)ねらい　本当の自由とは，自分勝手に行動することではなく，相手や周りのことを考えながら責任のある行動をとることであることに気づく

(4)展開の大要

	学習活動　主な発問（○）と予想される子どもの反応（・）	指導上の留意点（◇）
導入	1　「自由」についてのウェビングマップをつくる ○「自由」という言葉からどのようなことを思い浮かべますか？ ・誰にもじゃまされない ・時間を気にせずゲームをするなど，自分の思い通りにする 2　めあて（学習課題）を確認する	◇黒板の中央に「自由」と書き，連想する言葉を発言させる
	本当の自由とは何だろう？	
展開	3　教材「うばわれた自由」を読み，登場人物を確認する 4　ジェラールとガリューの考える自由の違いを話し合う ○ふたりの考える自由は同じですか？　違いますか？ ○では，どのように違いますか？ ・ジェラールの考える自由は，したいことをしたいようにすること。自分だけの都合のよいようにすること ・ガリューの考える自由は，周りのことを考え，自分の心をおさえて行動すること ○どちらが本当の自由でしょうか？ ・ガリューが本当の自由。周りの人のことを考えながら行動しなくてはいけない	◇教師の範読 ◇まずはふたりの考えが異なることを確認する ◇個人思考→ペアで議論→全体で議論という流れで話し合わせる ◇挙手またはネームプレートで立場を表明させる
終末	5　ウェビングマップに新しい価値をつけたす ○自由について新しく考えたことを，ウェビングマップにつけたしてみましょう ・周りの迷惑を考える。よく考えて行動する	◇新しく考えたことはチョークの色を変えて書く

(5)評価　本当の自由とは，自分勝手に行動することではなく，相手や周りのことを考えながら責任のある行動をとることであることに気づくことができたか

■ 授業の実際

❶導入

　授業はまず，教師が黒板の中央に「自由」と書くことから始めます。児童にも同様に，道徳ノートまたはワークシートの中央に「自由」と書くように指示します。続いて，「『自由』という言葉からどんなことが思い浮かびますか？　ウェビングマップに表してみましょう」と発問します。なかなか思い浮かばない児童がいる場合は，「『自由に〇〇する』という形で書いてみましょう」と補足します。

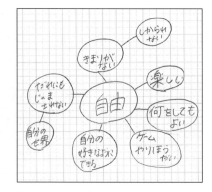

　数分後，自分が書いた言葉をペアで交流させ，その後全体で発言させます。挙手指名でもよいですし，席順で全員に発言させてもよいでしょう。

　「自由とは，誰にもじゃまされないことです」

　「自由とは，自分の思い通りにできることです。例えばゲームなどを好き放題するとか……」

　教師は，児童の意見をもとに，白チョークで黒板にウェビングマップをつくっていきます。

　ある程度意見が出たら，「では，今日は本当の自由とはどのようなものであるのか，みんなで考えていきましょう」と言ってめあて（学習課題）を書き，教材を読む展開に移ります。

❷展開

　教材を教師が範読した後，主な登場人物（ジェラールとガリュー）を確認します。その上で，「ジェラールの考える自由とガリューの考える自由は同じですか？　違いますか？」と発問します。児童はすぐさま「違う」と答えます。そこで，「では，どのように違いますか？　もう一度自分でお話を読んで考えてみましょう」と指示します。教材にサイドラインを引かせながら考えさせます。ジェラールの考える自由には青線を，ガリューの考える自由には赤線をという具合に，色分けすることも考えられます。

　数分後，ペアやグループで交流させた後，全体でふたりの考える自由の違いを話し合わせます。

　「ジェラールの考える自由は，したいことをしたいようにすることです」

　「ジェラールの考える自由は，自分だけの都合のよいようにすることです」

　「ガリューの考える自由は，周りのことを考えることです」

　「ガリューの考える自由は，自分の心をおさえて行動することです」

　児童から出てきた意見は，黒板のあいたスペースに記録します。このとき，ふたりの考えが対比的になるように，左右に分けて板書するのがポイントです。

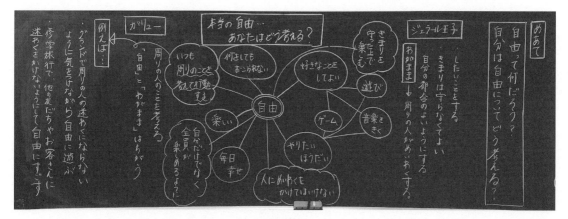

【板書例】

　ふたりの考え方の違いが明らかになったら，今度は「**ジェラールの考える自由とガリューの考える自由，どちらが本当の自由といえるでしょうか？**」と発問します。挙手で人数を確認してもよいですし，ネームプレートを貼らせてもよいでしょう。本授業で最も大切な場面となるので，一人一人に意思表示をさせることが大切です。この場面では，ほとんどの児童がガリューの考える自由が本当の自由だと言います。なぜそう思うのか，少しの時間，ペアやグループで考えを交流させてから，全体で意見を発言させます。

　「ガリューだと思います。本当の自由とは，周りの人のことを考えた上でのことだと思います」

　「私もガリューだと思います。ジェラールの考えは，自由ではなく，ただのわがままだと思います」

　もしもジェラールだという意見の児童がいれば，議論が活発になりますし，いなければ教師１人がジェラールを選択して，児童に反論させるという方法もあります。

❸終末

　終末では，ウェビングマップを示しながら，「**授業の最初に考えたウェビングマップに，今日の授業を通して新しく考えたことを赤鉛筆でつけたしてみましょう**」と指示します。

　「本当の自由とは，周りのことを考えて行動すること」

　「本当の自由とは，自分に責任が伴うこと」

　児童から出てきた意見を，今度は赤チョークで黒板のウェビングマップにつけたしていきます。最後は，実際の自由時間，修学旅行前であれば自由行動などを例にして，具体的にどのようなことに気をつけるべきか，最後に実生活の場を想定した話し合いを仕組みます。

　「休み時間は自由時間だけど，周りの人の迷惑にならないようにするべき」

　「修学旅行の自由行動は，周りの人や友達に迷惑をかけないようにするべき」

　具体的な場を想定することで，一層本当の自由について理解を深めることができます。

― 事例 ―

05 考え方の対比

６年生・白神山地

（出典：東京書籍）

🏴 授業＆板書のポイント

❶授業のねらい・ポイント

　本授業は，自然の偉大さを知り，自然環境を大切にしようとする態度を育てることを主なねらいとしています。昔から人間は自然から多くの恩恵を受け，自然と共に生活を営んできました。生活を豊かにすることを優先すれば，その自然が損なわれ，自分たちも被害を受けることになります。それゆえ，人間と自然や動植物との共存の在り方を積極的に考え，自分にできる範囲で自然環境を大切にし，持続可能な社会の実現に努めようとする態度を育てることが，授業のポイントとなります。

❷本授業への板書アプローチ

　本教材のように，説明的・解説的な文章は，スタンダード①・②で示した「川流れ式」や「考え方の変化」の板書には不向きだといえます。登場人物がはっきりせず，心情や性格の変化もほとんど見られないからです。一方で本教材は，林道開発を進めようとした人たちや自然を平気で汚す登山者，観光客の姿と，自然を必死で守ろうとした白神の住民の姿が，対比的に描かれているという特徴をもちます。そこで，アドバンス②で示した「考え方の対比」による板書アプローチを試みます。２つの考え方の違いを黒板に整理した上で，どちらが人間にとって本当によいことなのかを話し合わせます。

❸教材の概要

　秋田県と青森県の県境にまたがる白神山地には，今から8000年前にできたブナ林があります。過去に，この白神山地を通り抜ける林道の開発が計画されましたが，自然を守りたいという住民の反対もあり，中止となりました。その後，1993年には世界遺産に登録されましたが，登山者や観光客が増えたことにより，ゴミの投棄などの新しい問題が生まれました。白神の住民は，ブナ林を守るために，山菜のとり方を工夫したり，自然環境を学ぶ学習センターをつくったりして，自然を守るための様々な取り組みを続けています。

■ 本時の流れ

(1)主題名　自然を守る

(2)教材名　白神山地（出典：東京書籍）

(3)ねらい　自然の偉大さを知り，自然環境を大切にしようとする態度を育てる

(4)展開の大要

	学習活動　主な発問（○）と予想される子どもの反応（・）	指導上の留意点（◇）
導入	1　白神山地について知る ○写真を見てください。これは白神山地という場所です ・緑がいっぱいだね。きれい 白神の住民から私たちが学ぶべきことは何か	◇写真や地図を用いて，白神山地の概要を伝える
展開	2　教材「白神山地」を読む 3　白神の住民と林道開発を進めようとした人たちの考え方の違いを話し合う ○白神の住民と林道開発を進めようとした人たちの考え方は同じですか，違いますか？　またどのように違いますか？ ・全く違う。白神の人たちは一生懸命自然を守ろうとしている ・開発を進めようとした人たちは，自分たちが便利になることだけを考えている 4　白神の住民と登山者・観光客の考え方の違いを話し合う ○では，白神の住民と登山者・観光客の考え方はどうですか？ ・やっぱり違う。白神の人たちは，必死で自然を守っている ・登山者や観光客は，平気で自然を壊している 5　どちらが人間にとってよいか話し合う ○自然にとってよいのはどちらですか？ ○では，人間にとってよいのはどちらですか？ ・白神の住民。だって，自然は一度壊れるともう戻らない ・白神の住民。人間だけでなく，自然のことも考えている	◇教師の範読 ◇黒板を大きく2つに分けて，それぞれの考え方の違いを対比的に整理する ◇人間にとってどちらがよいかという視点で考えさせる
終末	6　今の自分がどちらの生活をしているか考え，白神の人たちから学んだことをまとめる	◇客観的に自己を振り返らせる

(5)評価　自然の偉大さを知り，自然環境を大切にしようとすることができたか

■ 授業の実際

❶導入

　白神山地については，５年生の社会科で少しふれているかもしれませんが，ほとんどの児童があまりよく知らないことが予想されます。そこで導入では，白神山地の写真を示し，「**この写真を見て気づいたことや考えたことを言ってみましょう**」と発問することから始めます。

　「緑がいっぱいで，とてもきれいです」

　「どこかの森かなと思います。行ってみたいです」

　その後，地図を示しながら，簡単に白神山地の場所を説明します。その上で，「**今日は，この白神という地で生活する人たちについての学習です。この人たちからどんなことを学べるか，考えながら読んでいきましょう**」と言い，めあてを提示します。

❷展開

　教材を教師が範読した後，板書例にもあるように，黒板の真ん中を縦の直線で区切ります。そして右側を「林道開発を進める人たち」，左側を「白神の人たち」とします。その上で，「**林道開発を進めようとした人たちと白神の人たちの考え方は同じですか，違いますか？**」と発問します。当然児童は「違います」と反応するので，「**では少し時間をとるので，どのように違うか考えてみましょう**」と指示します。いきなりペアで話し合わせてもよいと思います。数分後，どんな違いがあるかを全体で話し合わせます。

　「林道開発を進めようとした人たちは，自分たちの生活を便利にしようと考えています。白神の人たちは水害が起きたり，魚がとれなくなったりするので，ブナの林を必死で守ろうとしています」

　「白神の人たちは，ブナの林はきれいな水を生むので，自分たちの命だと言っています」

　児童の意見は，左右に分けてそれぞれ板書します。続いて，黒板の右側に「登山者・観光客」という言葉を追加し，「**では，登山者や観光客と，白神の人たちの考え方は同じですか，違いますか？**」と発問します。やはり「違います」と反応するので，これも少し自分で考えたりペアで話し合ったりする時間を設けた上で，発言させるようにします。

　「登山者や観光客は，平気でゴミを捨てたり，キャンプで林を汚したりして，全然自然を大切にしていません。白神の人たちは，自然がいつでももとに戻ることができるように工夫して生活しています」

　「白神の人たちは，みんなが自然環境を学ぶことができるように工夫しています」

　同様に，児童から出た意見を分けて板書します。こうすれば，黒板の右側に開発を進めようとした人たち・登山者・観光客の考え方が，左側に白神の人たちの考え方が対比的に整理されます。

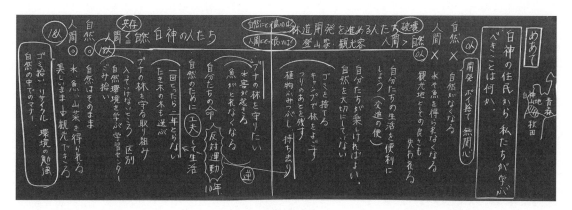

【板書例】

　続いて，２つの考え方が対比的に整理された黒板を示しながら，「右側（開発を進めようとした人たち・登山者・観光客）の考え方と左側（白神の人たち）の考え方では，どちらが自然にとってよいと思いますか？」と発問します。当然児童は「左側の方がよい」と反応します。そこで今度は，「では，人間にとってはどちらがよいですか？」と発問します。挙手で人数を確認してもよいですし，ネームプレートを貼らせてもよいでしょう。ほぼすべての児童が左側（白神の人たち）を選択するので，「なぜ左側がよいのですか？」と理由を問います。ここが本授業で最も重要な場面となります。ペアやグループで話し合う時間を設けてもよいでしょう。

　「白神の人が言っているように，ブナの林はきれいな水を生み，海の魚も育てています。その魚を人間も食べるのだから，白神の開発をしない方がよいと思います」

　「教科書に，イヌワシやニホンカモシカ，ゼンマイなどの自然が載っていますが，こうした大切な自然がなくなってしまうと，観光する価値もなくなると思います」

　「登山者や観光客のように自然を壊していると，山が汚れて，観光するような場所でなくなると思います。そうなると，自分たちも自然を観察する楽しみがなくなると思います」

　ときどき教師側から，「でも道ができた方がみんな便利になってよいのでは？」と揺さぶりをかけることも考えられます。ますます議論が白熱するでしょう。

❸終末

　終末では，「今の自分は，どちらの生活に近いですか？」と発問し，自分自身の生活を客観的に振り返らせるようにします。「白神の人たちのように自然を大切にしている」という児童もいれば，「自分は登山者や観光客とかわらないかも……」という児童もいるでしょう。また，身近な自然を守るために，自分たちができることを考えさせてもよいかもしれません。振り返りを書かせる前に，このように具体的な視点を与えておけば，児童は客観的に自分自身の生活を振り返り，今後の自己の生き方について，深く考えをめぐらせるようになります。

— 事例 —

06 バロメーター

3年生・ゆうすけの朝

（出典：東京書籍）

■ 授業＆板書のポイント

❶授業のねらい・ポイント

　本授業は，自分でできることは自分でやり，よく考えて行動し，節度のある生活をしようとする心情を育てることを主なねらいとしています。夜は翌日の支度をして早めに寝る，朝は自分で起きる，朝ごはんを食べるなどの生活習慣は，本来低学年のうちには身につけておくべきものですが，この段階においても，生活が乱れがちな児童は多くいるものです。規則正しい生活とはどのようなものか，そしてなぜ規則正しい生活を送ることが大切なのかを改めて考えさせ，自身の生活を見直し，改善への意欲をもたせることが授業のポイントとなります。

❷本授業への板書アプローチ

　規則正しい生活ができているかどうかについては，毎日の生活のことであるので，比較的自分のことを振り返らせることが容易な内容です。またできているか，できていないかというような２択よりも，０〜100の数字で表現させた方が，自分の生活の改善点を考える上で効果的だと考えます。そこで，本授業では，バロメーターによる板書アプローチをとります。授業の前半では，教材の中の主人公の生活を数字で表現させます。少ない数字で表現されることが予想されるので，その理由を話し合わせるとともに，どうすれば100に近づくかも考えさせます。授業の後半では，自分自身の生活を０〜100の数字で表現させ，たりない部分の改善を促します。

❸教材の概要

　翌日の学校の準備もせず，夜遅くまでゲームをしていたゆうすけは，もうやめるように母親にしかられました。しかし，ゲームに夢中になりすぎるあまり，ベッドの中でこっそりゲームを続けました。結局ゲームを終えたのは夜12時近くです。当然のように翌日は寝坊し，朝ごはんも食べず，歯みがきもせず，走って登校しました。そして，図画工作科の授業で必要なペットボトルを持ってくるのを忘れたことに気がつきました。ゆうすけは，もやもやした気持ちで朝の会の時間を過ごしました。

■ 本時の流れ

(1)主題名　計画的に行動する

(2)教材名　ゆうすけの朝（出典：東京書籍）

(3)ねらい　自分でできることは自分でやり，よく考えて行動し，節度のある生活をしようとする心情を育てる

(4)展開の大要

	学習活動　主な発問（○）と予想される子どもの反応（・）	指導上の留意点（◇）
導入	1　規則正しい生活について考える ○規則正しく生活するってどういうことですか？ ・早く寝て，早く起きることかな <div style="text-align:center">規則正しい生活って何？　規則正しい生活はどうして大切なの？</div>	◇黒板にバロメーターをかく
展開	2　教材「ゆうすけの朝」を読む 3　ゆうすけの生活のいけないところや改善点を話し合う ○ゆうすけは，このバロメーターでいうとどこでしょうか？ ・一番「−」に近い0だと思います ○ゆうすけの生活のいけないところはどこですか？ ・ゲームを12時近くまでしていること ・お母さんの注意を聞かなかったこと ・朝ごはんも食べず，歯もみがかないこと ・学校の準備もせずに，ゲームに夢中になっていたこと 4　規則正しい生活を送ることがなぜ大切なのか考える ○どうして規則正しい生活を送ることが大切なのでしょうか？ ・自分も困るし，人にも迷惑がかかるから	◇教師の範読 ◇主人公の生活の様子をバロメーターで表現させる ◇主人公の生活の改善点を考えさせる ◇自分だけでなく，人にも迷惑がかかることをおさえる
終末	5　自分はバロメーターのどこになるかを考える ・ぼくは10ぐらいです。遅くまでゲームをしているので…… ・私は80ぐらい。夜は早く寝るけど，ときどき準備をせずに寝てしまうことがあります 6　自分の生活改善計画を立てる ・よし，今日からは必ず9時までに寝るぞ。それから……	◇自分自身の生活をバロメーターで表現させる ◇改善計画を立てさせる

(5)評価　規則正しい生活をする必要性に気づき，進んで改善しようとしているか

■ 授業の実際

❶導入

　授業が始まったら，まず黒板に横向きの直線で矢印をかきます。そして，真ん中には「規則正しい生活」と書きます。その上で，「規則正しい生活って何のことだかわかりますか？」と発問します。

　「早寝早起きをすることです」

　「朝ごはんをきちんと食べることです」

　児童の意見は，「＋」の記号と「100」という数字をつけた矢印の左側に書きます。続いて，「では，反対に規則正しくない生活とはどういうことですか？」と発問します。

　「遅くまで夜ふかししていることです」

　「ごはんを3食きちんと食べないことです」

　今度は，「－」の記号と「0」という数字をつけた矢印の右側に書きます。このように，授業の開始と同時に，黒板にバロメーターをつくっていきます。ここではさらに，「では，なぜ規則正しい生活を送ることが大切なのでしょうか？」と発問します。

　「健康によくないからです。病気になりやすくなるとか……」

　「例えば夜遅くまで起きていると朝起きられず，学校に遅刻してしまうからです」

　児童の発言を受け，「では，今日は規則正しい生活とはどういうことなのか，またどうして規則正しい生活を送らないといけないのかをみんなで学習していきましょう」と言い，本時の学習のめあてを書きます。

❷展開

　教材を教師が範読した後，黒板のバロメーターを示しながら，「ゆうすけ君の生活をこの直線上の数字で表すとどれくらいですか？」と発問します。

　「0だと思います」

　「0よりももっと低い数字だと思います」

　児童の反応を受け，「では，なぜ0だと思ったのですか？　その証拠を探してみましょう」と発問します。少し時間をとり，ゆうすけの生活のよくないところを探してサイドラインを引かせます。ペアやグループで自分が線を引いたところを交流させ，全体での発表に移ります。

　「お母さんの注意を聞かず，夜12時近くまでゲームをしていたことです」

　「自分で起きず，寝坊した上に朝食も食べず，歯みがきもせず，学校に行っていることです」

　「学校の準備を前日にしていなくて，忘れ物をしたことです」

　この意見は，バロメーターの「0」付近に「ゆうすけ」と示した上で記録します。

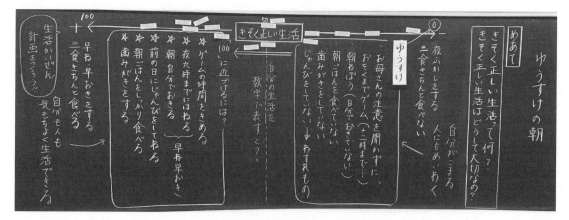

【板書例】

　続いて「では，どうすればゆうすけ君は，この数字が100に近づきますか？」と発問し，ゆうすけの生活の改善点を話し合わせます。

　「ゲームは時間を決めて，夜は遅くても9時までには寝るようにした方がよいと思います」

　「前の晩に，きちんと学校の準備をして寝るようにすればよいと思います」

　「朝は早起きをして，朝ごはんを食べて，きちんと歯をみがくようにすべきです」

　「そもそも，お母さんに起こしてもらうのではなく，自分で起きるようにすべきです」

　今度は，バロメーターの「100」の付近に，これらの意見を板書します。ここで，「今日のめあてにもあるように，なぜ規則正しい生活は大切なのでしょう？」と発問します。

　「自分が朝ごはんを食べられなかったり，忘れ物をしたりして困るからです」

　「自分だけでなく，家族や友達，先生にも迷惑がかかるからです」

❸終末

　終末では，自分の生活をバロメーターで表現させます。「では，みなさんの生活は0～100のどれくらいにあたりますか？　ここだと思うところにネームプレートを貼ってみましょう」と指示します。児童は悩みながらも，自分の生活を数字で表していきます。ここでは，あくまで自分がどう思うかが大切なので，友達に対してとやかく言わないという約束を設けることが大切でしょう。全員がネームプレートを貼ったら，数人にその数字を選んだ理由を説明させます。

　「ぼくは10ぐらいです。実は夜遅くまでゲームをしていて，よく家族にしかられます」

　「私は80ぐらい。早寝早起きはできているけど，朝起きてから学校の準備をしています」

　時間があれば，ぜひ自分の生活をどう改善するのか，道徳ノートやワークシートに書かせる時間を設けましょう。書いた内容はしばらく自分の机に貼ったり，教室に掲示したりして，数日の間実際に取り組ませるようにします。

— 事例 —

07 関係図

5年生・助け合い傘

（出典：光文書院）

■ 授業＆板書のポイント

❶授業のねらい・ポイント

　本授業は，日々の生活が，多くの人々の支え合いや助け合いで成り立っていることに感謝するとともに，それにどう応えていくべきかについて考えを深めさせることが主なねらいとなります。児童は，自分の生活が，多くの人の支えで成り立っていることはなんとなく理解しています。しかし，いつしかそれが「当たり前」となり，次第に感謝の気持ちが薄れていきがちです。授業では，こうした人々の支え合い，助け合いがあるからこそ，自分たちの生活が成り立っていることに気づかせ，周囲の人に感謝の気持ちをもたせるとともに，人々の善意に応えて，自分は何をすべきかを自覚し，進んで実践できるように指導することが大切です。

❷本授業への板書アプローチ

　本教材の特徴として，多くの人物が文中に出てきて，互いに関連していることが挙げられます。また，授業のねらいである「人と人との支え合い・助け合い」を視覚的にとらえさせるためにも，本授業は，関係図を用いた板書アプローチを行うのが得策と考えます。授業の導入は，「助け合い・支え合い」のイメージを児童に図化させることから始めます。その後，教材を読み，黒板の中心にかいた「太一の父」を助けているのは誰かを考えさせ，関連する人物を次々と図に表していきます。授業の後半は，再度「助け合い」のイメージを図化させ，価値の意味を深く考えさせます。最後は自分の生活に置き換えて関係図を作成させることで，ねらいとする価値を一層深くとらえさせていきます。

❸教材の概要

　萩原天神駅の改札口には，「助け合い傘」と呼ばれる置き傘があります。太一は，この傘を借りた父と一緒に，傘を返しに行った際，駅員さんや傘のお世話をしている楠井さんから，この「助け合い傘」が多くの人々の支えによって成り立っていることを聞きます。太一は，町に住むひとりとして，傘を守っていくことを決意します。

■ 本時の流れ

(1)主題名　みんなのために

(2)教材名　助け合い傘（出典：光文書院）

(3)ねらい　日々の生活が，多くの人々の支え合いや助け合いで成り立っていることに感謝するとともに，それにどう応えていくべきかについて考えを深めさせる

(4)展開の大要

	学習活動　主な発問（○）と予想される子どもの反応（・）	指導上の留意点（◇）
導入	1　「支え合い・助け合い」という言葉からイメージすることを図化する ○「支え合い・助け合い」を図に表してみましょう ・人と人が互いにやさしくし合うことかな 2　めあて（学習課題）を確認する ＜支え合う，助け合うって一体どういうことなのだろう？＞	◇児童のイメージを図化する。児童に直接黒板にかかせることも考えられる
展開	3　教材「助け合い傘」を読む 4　太一の父を助けたのは誰か話し合う ○太一の父は誰に助けられたのですか？　探してみましょう ・駅員さん。傘を貸してくれたから ・楠井さん。傘を用意してくれたから ・他にもいるよ！　お寺さんもそうだし，近所の人たちもだよ 5　太一が傘を守っていこうと決意した理由を考える ○太一はどうして傘を守ろうと決意したのでしょう？ ・自分も誰かのためになりたいと思ったから 6　再度「支え合い・助け合い」のイメージを図化する ○助け合い・支え合いのイメージはどう変わりましたか？ ・1対1だと思っていたけど，たくさんの人がお互いに支え合い，助け合っている。やさしさが星みたいになっているね	◇教師の範読 ◇児童の発言を踏まえて，黒板に関係図を作成する ◇なぜその人物が父を助けたことになるのか説明させる ◇前半でかいた図と比較し，価値の高まりを実感させる
終末	7　身近で自分を支えたり助けたりしてくれている人を想起し，関係図に表す	◇自分事として考えさせる

(5)評価　日々の生活が，多くの人々の支え合いや助け合いで成り立っていることに感謝するとともに，それにどう応えていくべきかについて考えることができたか

■ 授業の実際

❶導入

　授業は，教師が「支え合い（助け合い）」と黒板にかくことから始めます。その上で，「支え合い（助け合い）とはどういうことですか？」と発問します。

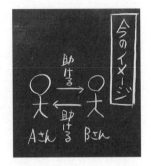

　「人と人がやさしくし合うことです」

　「何かをしてもらったお礼に，何かをしてあげることです」

　児童の発言を踏まえて，「こういうイメージかな？」と言いながら，黒板に右のような図をかいていきます。児童に直接イメージ図をかかせるのも方法の１つです。

　その後，「では，今日は支え合い（助け合い）とは一体どういうものなのか，みんなで考えていきましょう」と言いながら，めあて（学習課題）を書き，教材を読む段階に移ります。

❷展開

　教材を読んだ後は，太一の父が駅で傘を借りたことで，雨に濡れずにすんだことを簡単に確認します。その際，黒板の中央に「太一の父」と囲いをつけてかきます。次に，「**お話の題名が『助け合い傘』だけど，太一のお父さんは，誰に助けられたのですか？**」と発問します。

　「傘を貸してくれた駅員さんだと思います」

　「駅員さんもだけど，傘を用意してくれた楠井さんもだと思います」

　児童の発言を受け，新たに「駅員さん」「楠井さん」の名前を黒板にかき，囲いと矢印で，関係性を整理していきます。すると，「待って……他にもたくさんいるよ」と反応する児童がいます。もしいなければ，「太一のお父さんを助けたのは，この２人だけでいいよね」と揺さぶりをかけます。その上で，太一の父を助けた人を探す時間を設けます。ペアやグループで相談させながら考えさせてもよいでしょう。

　「町内会や近所の人もだと思います。だって，町内会の人が補充用の傘を倉庫で預かってくれて，その傘を近所の人がいつも気にかけてくれているからこそ，傘の貸し出しを続けられているからです」

　「学生さんもだと思います。メモ書きをしてくれたおかげで，みんなが気持ちよく傘を使うことができているのだと思います」

　「傘の色や長さがバラバラということは，いろいろな人が傘を楠井さんに渡しているのだと思います。だから，いろいろな人が助けているということになります」

　児童の発言をもとに，黒板の関係図にどんどんかきたしていきます。誰が誰を助けているのかを明らかにしながら板書にまとめていくのがポイントです。

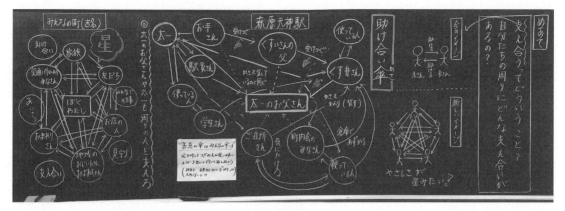

【板書例】

　太一の父をいろいろな人が助けていることが明らかになったら，今度は**「太一が最後に『あの傘を，ぼくたちもちゃんと守っていくからね』と言っているけれど，どうしてそういう気持ちになったのでしょう？」**と発問します。その際，黒板にもあるように，関係図の中に「太一」をかき加えます。

　「助け合っていることのすばらしさがわかったから，太一もみんなを助けたいと思ったのだと思います」

　「今度は太一がみんなを助けたいと思ったのだと思います」

　本授業では，ただ感謝の気持ちをもたせるだけでなく，自分もそれにどう応えていくかまで考えさせることが大切です。そこで，太一の決意についても，この場面でしっかりと話し合わせるようにします。

　展開の最後には，板書の右側にもあるように，支え合い・助け合いの新しいイメージについて表現させます。私がこの授業を行った際は，ある児童が「やさしさが星みたいになっている」という発言をしました。こうした発言も，関係図という形で図化したからこそ，出てきたのだと考えます。

❸終末

　終末では，自分の住んでいる町に置き換えて，どんな人たちが，どのような形で自分の生活を支えてくれているのか，また自分はどのような形でそれに応えていくかを考えさせます。右に示したように，ノートやワークシートを使って，児童自身に関係図をかかせてみるとよいでしょう。図化することで，一層本時のねらいに迫ることができます。

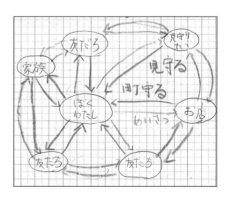

── 事例 ──

08 感情曲線
6年生・真海のチャレンジー佐藤真海ー

（出典：文部科学省）

📕 授業&板書のポイント

❶授業のねらい・ポイント

　本授業は，よりよく生きようとする人間の強さや気高さを理解し，人間として生きる喜びを感じさせることが主なねらいとなります。人は誰でも弱さをもっています。また，生きていれば，必ず障害や困難に出会い，悩みや苦しみを抱えることもあります。同時に，人には，それらを乗り越えようとする強さや気高さも備わっています。授業では，実際に悩みや苦しみを乗り越えた人の生き方にふれさせることで，よりよく生きる喜びを実感させるようにします。

❷本授業への板書アプローチ

　「真海のチャレンジ─佐藤真海─」は，非常にメッセージ性の強い教材です。佐藤さんの生き方は，児童にとっても，私たち大人にとっても，とても感動的で，多くのことを学ぶことができます。しかし，教材の分量としてはやや長く，これを場面ごとに区切ったり教師が細かく発問したりすると，その感動が薄れてしまうことが危惧されます。このような教材は，アドバンス⑥で示した感情曲線による板書アプローチが効果的です。佐藤真海さんの歩みを感情曲線で表し，すごいと思ったところを1つ選ばせ，個々が選んだ場面について，その理由を話し合わせるという展開をとります。

❸教材の概要

　2020年オリンピック・パラリンピックの東京招致のためのプレゼンテーションを行った佐藤真海さん。佐藤さんは，2001年に骨肉腫という病気で，右足の膝から下を失いました。翌年大学生活に戻っても失意のままで，夢や希望を見つけ出すことができずにいました。そんな中，なんとかしなくてはと，水泳，さらには義足をつけての陸上の練習を始めました。痛みを伴う練習は，つらく，苦しいものでしたが，日々練習に熱心に取り組み，パラリンピックに何度も出場する選手にまでなりました。オリンピック・パラリンピック招致のための最終プレゼンテーションで，佐藤真海さんは笑顔で生きる喜びを語りました。

▌本時の流れ

(1)主題名　よりよく生きる喜び

(2)教材名　真海のチャレンジ—佐藤真海—（出典：文部科学省）

(3)ねらい　よりよく生きようとする人間の強さや気高さを理解し，人間として生きる喜びを感じさせる

(4)展開の大要

	学習活動　主な発問（○）と予想される子どもの反応（・）	指導上の留意点（◇）
導入	1　よりよく生きることについて考える ○「よりよく生きる」とはどういう生き方だと思いますか？ ・楽しく生きることかな ・有名になったり，お金持ちになったりすることかな 2　めあて（学習課題）を確認する よりよく生きるとはどういう生き方のことをいうのだろう	◇教材を読む前に，映像または写真を提示し，佐藤真海さんを簡単に紹介する
展開	3　教材「真海のチャレンジ—佐藤真海—」を読み，佐藤真海さんの歩みを黒板の曲線で確認する ・つらいことやうれしいことなど，いろいろなことがあったんだね 4　佐藤真海さんの歩みの中で，特に自分がすごいと思ったところにネームプレートを貼り，その理由を交流する ○黒板の中で，特にすごいと思ったところにネームプレートを貼りましょう。そこに貼った人の思いを想像してみましょう ・足がなくなってから，なんとかしなければと思って水泳や陸上を始めたところ。ぼくなら何もやる気が起きないと思う ・痛みに負けずに練習を続けたところ。あきらめない気持ち ・パラリンピックに三大会連続出場して，まだ新しい記録に挑戦しているところ。いつまでも高い目標をもち続けている	◇教師の範読 ◇児童とのやりとりを通して，佐藤真海さんの歩みを感情曲線に表す ◇貼る場所は1つに限定させる ◇貼った人に説明させる前に，なぜ友達がそこに貼ったのかを想像させる
終末	5　自分が佐藤真海さんから学んだことを言葉に表す ○佐藤真海さんの生き方についてどう思いますか？ ・いい生き方だと思う。必死になってがんばり続けている	◇最後に佐藤真海さんの映像を視聴させる

(5)評価　よりよく生きようとする人間の強さや気高さを理解し，人間として生きる喜びを感じることが
　　　　できたか

■ 授業の実際

❶導入

　本時のテーマは，「よりよく生きる喜び」です。導入では，「よりよく生きる」と黒板に書き，「よりよい生き方ってどんな生き方だと思いますか？」と発問します。

　「毎日自分のやりたいことをやって楽しく生きることだと思います」

　「有名人になって，お金持ちになることです」

　普段の生活で「生きる」ということについて，なかなか考えることは少ないものです。「よくわからない」という児童もたくさんいます。そこで「『よりよく生きるって何？』と言われても，よくわからないよね。だからこそ，今日はこのことについて自分たちなりに答えを探していきましょう」と展開します。めあて（学習課題）もこのタイミングで黒板に書きます。

❷展開

　教材を読む前に，少し佐藤真海さんについて説明することをおすすめします。効果的な写真があればそれを提示し，義足の陸上選手であることをここで伝えます。その上で，教科書を開かせ，教材を範読します。

　教材を読み終えた後は，内容を確認しながら，黒板全体を使って感情曲線を作成します。ここでは，児童とのやりとりを通して，一緒に曲線をつくるのがポイントです。

　「右足の膝から下を失ったときの気持ちは上向き？　下向き？」

　「もちろん，下向きです」

　「大学に入ってからは，気持ちはどうなった？」

　「やっぱり下向きです。夢や希望もなくて……」

　「でもしばらくして何かにチャレンジしようとしたよね。何だった？」

　「水泳です。ここで上向きになったのかな……」

　このようなやりとりです。児童は座らせたまま，どんどん自由に発言させるとよいでしょう。感情曲線をつくること自体が目的ではないので，この活動はテンポよく進めるのがポイントです。なお，この型の授業の場合，普段はチョークのみで行いますが，今回は文章も長く，情報も多いことから事前にポイントを示した短冊を用意しておきました。詳しくは板書例を参照してください。こうして黒板に感情曲線ができあがると，今度は「では，佐藤真海さんの歩みの中で，一番すごいと思うところを１つ選んでネームプレートを貼ってください」と指示します。この１つだけというのが最大のポイントです。すごいところはたくさんあるので，児童は非常に悩みます。黒板の前でじっと動かない児童も出てきます。悩むということは，児童の思考が活発に働いている証拠です。ここでは少し時間をかけて待ってあげるようにします。

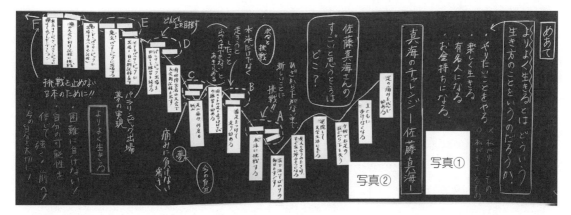

【板書例】

　全員が貼り終えたら，板書例にもあるようにＡ・Ｂ・Ｃ……といくつかのグループに分けます。この後，貼った本人に説明させてももちろんよいですが，**「このＡを選んだ人の気持ちがわかる人いますか？」**と問い，別のグループを選んだ人に説明させることをおすすめします。

　「私は別のところに貼ったけど，たぶんＡに貼った人は，膝から下がなくなったのに，何かを始めようとしたところをすごいと思ったのだと思います」

　「Ｃに貼った人の気持ちがわかります。痛みがすごかったら，普通はあきらめてしまうものなのに，練習をやめなかったことをすごいと感じたのだと思います」

　もちろん，他の人に説明させた後，**「他の人はあのように言っているけれど，Ａに貼った人は，どうしてそこを選んだのですか？」**と，本人に説明させる時間も設けます。このような活動を行えば，一つ一つの場面を教師が区切って，「このときの佐藤真海さんはどんな気持ちで……」と問わなくても，佐藤真海さんの歩みを丸ごと考えさせることができます。

　なお，最初にネームプレートを貼らせたときに，ほとんど全員が同じ場所を選ぶこともあります。佐藤真海さんの場合，パラリンピックに何度も出場しているので，全員がその場面を選ぶことも十分考えられるでしょう。そのような場合は，そこを選んだ理由を先に説明させ，その後で，**「では，二番目にすごいと思うところはどこですか」**と展開します。

❸終末

　終末では，再度「よりよい生き方」について考えさせます。**「佐藤真海さんの生き方はよい生き方？　よくない生き方？」**と問えば，全員が「よい生き方」と答えます。その後，**「どうして？」**と問い返してみましょう。そこで，「よりよい生き方」の答えが，児童なりの言葉で返ってくると思います。最後は佐藤真海さんの競技の映像やオリンピック・パラリンピック招致のためのプレゼンテーションの映像を視聴させると，一層余韻をもって学習を終えることができます。もし手に入れることができれば，ぜひ活用されることをおすすめします。

—事例—

09 表・階段チャート

２年生・さて，どうかな

（出典：日本文教出版）

▌ 授業＆板書のポイント

❶授業のねらい・ポイント

　本授業は，気持ちのよいあいさつ，言葉づかい，動作などを心がけて，人に明るく接しようとする態度を育てることを主なねらいとしています。多くの児童は，日々の生活の中で，あいさつをしたり言葉づかいを正したりすることを身につけています。しかしそれらは，あくまでも先生に対してのみ行われることが多く，周りの友達や地域の方などには，できていないことも少なくありません。本授業では，礼儀とは，相手に関係なく，誰に対しても正しく振る舞われるべきものであることを理解させ，その上で，自分も一層礼儀正しい振る舞いができるようになりたいという展望をもたせることが大切です。

❷本授業への板書アプローチ

　本教材は，学校と遠足という２つの場面で構成されています。それぞれの場面で，礼儀正しく振る舞えたこともあれば，不十分なところもあるという内容になっています。また，教材は先生と友達に対する礼儀の内容になっていますが，実生活では，自分が生活の中でかかわりのあるすべての人に対して礼儀正しく振る舞うことが大切です。このような特徴をもつ本教材を扱う際は，表及び階段チャートによる板書アプローチが効果的です。授業の前半では，それぞれの場面におけるよい点・よくない点を表に整理します。授業の後半では，階段チャートを用いて，礼儀正しさのランクづけを行い，同時に自分がどこにいるかを振り返らせます。

❸教材の概要

　学校の場面では，男の子が廊下で出会った先生に「おはようございます」とあいさつをしています。しかし，クラスの友達に会った際は，何も言わず，黙って教室に入ります。遠足の場面では，忘れ物をとりに戻って集合時刻に遅れた女の子たちが，先生に報告しています。しかし，遅れた人たちを待っていたはずの他の友達には何も言わなかったので，周りの友達からじろじろと見られます。

■ 本時の流れ

(1)主題名　よりよい礼儀

(2)教材名　さて，どうかな（出典：日本文教出版）

(3)ねらい　気持ちのよいあいさつ，言葉づかい，動作などを心がけて，人に明るく接しようとする態度
　　　　　　を育てる

(4)展開の大要

	学習活動　主な発問（○）と予想される子どもの反応（・）	指導上の留意点（◇）
導入	1　礼儀について考える ○礼儀にはどんなものがありますか？ ・朝会ったときに，「おはようございます」と言う ・いけないことをしたときに，「ごめんなさい」と言う 2　めあて（学習課題）を確認する よりよい礼儀ってどんなことなのかな	◇普段から「礼儀」という言葉 　を使った指導を心がけておく
展開	3　教材「さて，どうかな」を読み，それぞれの場面について 　よい点とよくない点を考える ○それぞれの場面のよい点とよくない点を考えてみましょう ・1つ目の場面は，先生にきちんとあいさつをしているのがよ 　いと思います。よくないのは，友達にあいさつをしていない 　ことです ・2つ目の場面は，先生に遅れた理由を言っているのがよいと 　思います。よくないのは，友達に謝っていないことです 4　礼儀正しさの階段チャートをつくり，ランクづけをする ・一番よくないのは，誰にも何も言わないことです。みんなが 　嫌な気持ちになる ・一番よいのは，先生や友達，すべての人に礼儀正しくするこ 　とです。みんながよい気持ちになります 5　今の自分がどこに当てはまるかを考える ・ぼくは……真ん中の段だな。よし，もっと上を目指そう	◇教師の範読 ◇2つの場面のよい点・よくな 　い点を表に整理する ◇2つの場面からどんなことが 　いえるか考えさせる ◇黒板に階段チャートをつくり， 　ランクづけをする。その上で， 　自分がどこに当てはまるかを 　考えさせる
終末	6　具体的な場面を想定し，あいさつや動作の練習をする ○礼儀正しいあいさつや動作の練習をしてみましょう	◇動作化を行わせる

(5)評価　誰に対しても進んで礼儀正しくしようとする態度を身につけることができたか

■ 授業の実際

❶導入

　導入では，「礼儀にはどんなものがありますか？」と発問し，具体的な行動について想起させます。普段からこの「礼儀」という言葉を使って生活指導をしておけば，児童からいろいろな意見が出てきます。「礼儀」という言葉を教えたことがなければ，「人に会ったときに言う言葉にはどんなものがありますか？」「いけないことをしたときに言う言葉にはどんなものがありますか？」と，少し具体化して発問するようにします。

　「人に会ったときに言う『おはようございます』『こんにちは』『さようなら』です」

　「いけないことをしたときに言う『ごめんなさい』です」

　児童の意見を板書した後「では今日は『よりよい礼儀』について考えていきます。『よりよい礼儀』とはどんな礼儀なのか，みんなで考えていきましょう」と言い，めあてを書きます。

❷展開

　教材を教師が範読します。読み終えた後すぐに，「この男の子や女の子たちは，礼儀正しいといえますか？」と発問します。

　「よくないと思います。だって，先生にしか礼儀正しくしていません」

　「よいところもあるし，よくないところもあります」

　もしも全員が「よくない」と言った場合は，「ぜ～んぶよくないということでいい？」と切り返し，「よいところもある」という声を引き出します。この後，「よいところもよくないところもありそうですね。ではこれから，それぞれの場面について，よいところとよくないところを考えていきましょう」と指示します。個人で考えさせてもよいですし，ペアやグループで考えさせてもよいと思います。しばらく時間をとった後，全体で発表させます。

　「学校でのよいところは，先生に『おはようございます』とあいさつをしているところです」

　「学校でのよくないところは，友達に何もあいさつをしていないところです。友達が暗い気持ちになるからです」

　「遠足でのよいところは，きちんと先生に遅れた理由を言っているところです」

　「遠足でのよくないところは，友達には何も言っていないところです。友達も心配していたと思うので，報告した方がよいと思います」

　「遠足のときは，友達にきちんと『遅くなってごめんね』と伝えた方がよいと思います」

　児童の発言に対しては，「なぜいけないの？」と切り返し，理由を深く考えさせるようにします。児童が「みんなが嫌な気持ちになる」などの発言をした際は，周りの友達の気持ちを想像させてもよいでしょう。この場面での児童の意見は，板書例のように表に整理します。

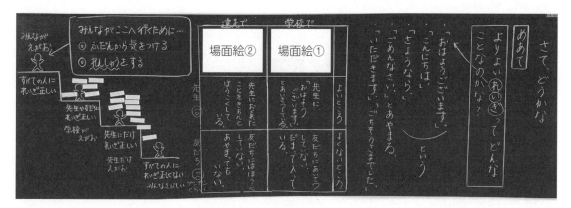

【板書例】

　表が完成したらと，「**結局，よりよい礼儀ってどういうことなのでしょう？**」と発問します。

　「先生だけでなく，友達にもあいさつをしたり謝ったりすることです」

　児童は必ずこう発言するので，「**では，先生と友達にだけ礼儀正しくすればいいのかな？**」と切り返します。

　「いや，地域の人や家族やお店の人など，誰にでも礼儀正しくした方がよいと思います」

　この場面をとらえて，次のように展開します。「**そうか。ではみなさんの意見をまとめると，先生にだけ礼儀正しくする人よりも，先生にも友達にも礼儀正しくする人の方がよい。そして，周りの人全員に礼儀正しくする人はさらによいということですね**」と言いながら，階段チャートを黒板の左側につくっていきます。さらに，「**ちなみに，先生にも友達にも誰にもあいさつも『ごめんなさい』も言わない人は，どこになるかな？**」と問えば，「もっと下」「もっともっと下の下」と反応するので，階段の一番下の段をつくっていきます。

　このように展開して，４段の階段をつくります。階段ができたら今度は，「**では，みなさんは今，どの段にいますか？　ネームプレートを貼ってみましょう**」と指示し，自分の位置を振り返らせます。その際，低学年という発達段階は，どうしても他人のことをとやかく言いがちなので，「**自分のことは自分で決める。それから友達が貼った場所に文句を言ってはダメ**」と事前に約束しておくとよいでしょう。なお，全員がネームプレートを貼ったら，「**なぜそこに貼ったか説明できる人？**」と言い，数名にその理由を説明させます。

❸終末

　最後は，「**みなさんがもう１段，もう２段上に上がるように，少しの時間だけれど，礼儀正しくする練習をしてみましょう**」と投げかけ，実際にあいさつや報告，謝罪の練習をする時間を設けます。教科書の２つの場面から始め，時間があればその他の場面に広げてもよいと思います。礼儀正しくできたときは，みんなで拍手をして，温かい雰囲気づくりに努めます。

―― 事例 ――

10 ピラミッド図

5年生・星野君と定金君－星野仙一―

（出典：文渓堂）

■ 授業＆板書のポイント

❶授業のねらい・ポイント

　本授業は，友達と互いに信頼し，友情を深め，よりよい人間関係を築いていこうとする心情を育てることを主なねらいとしています。高学年になった児童は，これまで以上に友達を意識し，仲のよい友達との信頼関係を築こうとします。一方で，趣味や傾向を同じくする閉鎖的な仲間集団をつくる傾向も生まれます。授業では，本当の友達とは，相手のよさを認め，互いに助け合うような関係であることを理解させるとともに，そうした友達を今後もつくっていこうとする思いをもたせていくことがポイントになります。

❷本授業への板書アプローチ

　普通の友達と親友の違いについて考えさせるために，ピラミッド図を用いた板書アプローチを行います。授業の導入で「ちょっとした友達」「友達」「親友（本当の友達）」の3つの階層を示したピラミッド図を黒板にかき，その違いを児童に話し合わせます。その上で教材を読み，関係図を用いて，星野君と定金君が，それぞれ相手に対してどのような行動をとったのかを整理させます。後半では再度ピラミッド図に戻り，親友の意味を話し合わせます。親友（本当の友達）とはどのような存在であるのか，また親友をつくるためにはどのようなことが大切なのか，このピラミッド図を用いながら深く考えさせていきます。

❸教材の概要

　本教材は，故・星野仙一氏（元プロ野球選手，元中日ドラゴンズ・阪神タイガース・東北楽天ゴールデンイーグルス監督）の少年時代の実話に基づいて書かれたお話です。スポーツが得意で正義感の強い星野君（星野仙一氏）は，筋萎縮症という病気の定金君が学校に通えるように，毎日定金君を背負って登下校したり，定金君が修学旅行に行けるように先生に働きかけたりします。一方定金君も，星野君のために，修学旅行の行き先のことを詳しく調べたり，わかりやすく解説したりします。学校を卒業した後も，ふたりはいつまでも友達でした。

■ 本時の流れ

(1)主題名　本当の友達

(2)教材名　星野君と定金君—星野仙一—（出典：文溪堂）

(3)ねらい　友達と互いに信頼し，友情を深め，よりよい人間関係を築いていこうとする心情を育てる

(4)展開の大要

	学習活動　主な発問（○）と予想される子どもの反応（・）	指導上の留意点（◇）
導入	1　ピラミッド図をもとに，友達について考える ○「ちょっとした友達」「友達」「親友」，この３つの違いは何でしょう？ ・友達は，趣味が合う人のこと ・悩みを聞いてくれるのが，親友かな？ 2　めあて（学習課題）を確認する 　　親友（本当の友達）ってどんな友達？	◇黒板にピラミッド図をかき，それぞれの階の違いを考えさせる
展開	3　教材「星野君と定金君—星野仙一—」を読み，登場人物を確認する 4　ふたりの関係をもとに，親友の意味について考える ○星野君と定金君はどんな友達ですか？ ・親友だと思う ○ふたりのどういうところから，親友だと思いましたか？ ・星野君が，定金君を毎日おぶってあげたこと。修学旅行に行けるように先生を説得したこと ・定金君が，星野君を気づかって，自分は修学旅行に行かないと言ったこと。また，星野君のためにいろいろ調べていたこと ○改めて，親友とはどんな人のことをいうでしょうか？ ・自分よりも相手を大切にする。趣味や特技は関係ない ・本当に困ったときに助け合う	◇教師の範読 ◇まずはふたりがどの友達にあたるかを考えさせる ◇ふたりが親友だといえる証拠を教材から見つけさせる。教師は関係図を用いてふたりの関係を整理する ◇再度親友について考えさせる
終末	5　星野君と定金君のその後について知る ○星野君と定金君は，その後も一生の友達でした	○スライドで提示する

(5)評価　親友の意味について考え，自分も友達と助け合いながら，よりよい関係を築いていこうとする思いをもつことができたか

■ 授業の実際

❶導入

　授業はまず，教師が黒板の左側にピラミッド図をかくことから始めます。「先生は何をかいているのだろう？」と興味津々の児童をよそに，下から「ちょっとした友達」「友達」「親友（本当の友達）」と記入します。その上で，「**この３つの違いは何でしょう？　ペアで話し合ってみましょう**」と指示します。数分後，全体で考えたことを説明させると，児童からは以下のような意見が出ます。

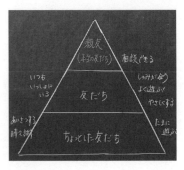

　「ちょっとした友達はたまに会って，ときどき話すくらいの関係です」
　「友達は趣味が合う人のことです」
　「親友はいつも一緒にいてよく遊ぶ人のことです」
　「親友は悩みを聞いてくれる人のことです」

　児童から出てきた意見を，ピラミッド図の周辺に白チョークで書き込みます。その上で，「**みんな親友という言葉は知っているようですが，そのとらえ方はそれぞれ違うようですね。では，今日はこの親友の意味について考えていきましょう**」と言いながらめあて（学習課題）を書き，教材を読む段階に移ります。

❷展開

　教材を教師が範読した後，主な登場人物（星野君と定金君）を確認します。その後，「**星野君と定金君はそれぞれどんな子どもでしたか？**」と発問し，星野君は正義感の強いスポーツマン，定金君は筋萎縮症で自力では歩けない子であることを確認します。

　次に，「**先ほどの図でいうと，ふたりはどんな関係ですか？**」と発問します。すると児童は，「親友です」「親友の上の大親友です」と答えます。そこで，「**ふたりが大親友だといえる証拠を探してみましょう**」と指示し，教材にサイドラインを引きながら考えさせます。

　数分後，ペアやグループで交流させた後，全体で大親友だといえる証拠を話し合わせます。
　「星野君は，定金君を毎日おぶってあげていました」
　「星野君は，定金君が修学旅行に行けるように先生を説得していました」
　「定金君は，星野君を気づかって，自分は修学旅行に行かないと言っていました」
　「定金君は，星野君のために，京都のことをいろいろ調べていました」

　児童から出てきた意見は，関係図に整理します。どちらからどちらに向かう行為であるかを確認しながら，矢印と言葉で記入していきます。

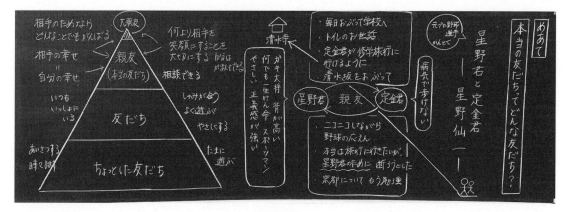

【板書例】

　この中で特に注目させたいのは，定金君が，修学旅行に行くことをためらった場面です。星野君に迷惑をかけたくない，しっかりと楽しんでほしいという思いがあったからこそ，行くことをためらったことをしっかりととらえさせます。このように，ただ目に見える行動だけでなく，相手を思う気持ちの面でつながっていることもおさえます。

　ふたりの関係が整理できたら，「**この話から，改めて親友とはどのような友達のことをいうのか考えてみましょう**」と投げかけます。

　「親友とは，自分よりも相手を大切にする関係のことです」

　「親友とは，趣味や特技は関係なく，相手のよいところを認め，本当に困ったときに助け合える関係のことです」

　児童から出てきた意見は，ピラミッド図の上に，色チョークで板書します。

　なお，親友の意味が明らかになったら，「**みなさんにはこのふたりのような親友がいますか？**」と発問してみましょう。「いる」と答える児童がいれば，そのエピソードを語らせます。全員が「ここまでの友達はいない」と答えれば，「こうした友達をつくっていけたらいいですね」とまとめてもよいですし，教師自身が自分の親友について語ってもよいと思います。いずれにせよ，親友をもつことへのあこがれを児童が抱くことができれば，授業は成功だと考えます。

❸終末

　終末では，ふたりのその後にふれるとよいと思います。星野君（星野仙一氏）は，その後プロ野球選手となり，球界で大活躍しました。選手としてだけでなく，監督としてもチームを優勝に導くほどの名将となりました。定金君は，そうした星野君をずっと応援し続けたそうです。星野仙一氏といえば，大人であればほとんどの人が知っていますが，児童はよく知らないという子がほとんどです。写真を用意したり，可能であればBGMを交えたスライドを流したりして，余韻を残して学習を終えるようにします。

── 事例 ──

11 ベン図

6年生・母の仕事

（出典：日本文教出版）

▌授業&板書のポイント

❶授業のねらい・ポイント

　本授業は，働くことの意義を理解し，進んで人のため，自分のため，社会全体のために役に立とうとする心情を育てることを主なねらいとしています。「働くのは何のため？」と問われると，たいていは「お金のため」「生活のため」と答えるでしょう。しかし，働く意義は，もちろんお金や生活のためもありますが，人や社会の役に立つことで，自分自身が大きな喜びや満足感を得ることにあります。そしてそのためには，人や社会の役に立とうと，進んで一生懸命働くことが求められます。授業では，こうした働く意義についての認識を高めることが大きなポイントとなります。

❷本授業への板書アプローチ

　日本文教出版の『小学道徳　生きる力』には，5年生に「父の仕事」，6年生に「母の仕事」という教材が掲載されています。ねらいの重点に多少差異はありますが，どちらも働くことの意義について考えさせる内容となっています。こうした場合，アドバンス⑨で示したベン図による板書アプローチが効果的です。6年生で学習する際は，5年生で学習した教材を再度活用し，2つの教材を比較するという展開をとります。もちろん単独でも授業は可能ですが，2つを比べさせることで，細かい発問をしなくても，一層ねらいに深く迫ることができます。ベン図は黒板にまとめるだけでなく，児童自身にも活用させることが大切です。

❸教材の概要

　ひろ子の母は，看護師で，市役所の移動入浴サービスの仕事をしています。ひろ子は母から，仕事の内容や苦労，喜びなどの話を聞きます。話をする母は，とても生き生きとしていました。特にほほえみながら「お年寄りや体が不自由な人たちが喜んでくれるえがおが，母さんの明日の仕事を支えてくれる大きな力なのよ」と話す母の姿を見て，ひろ子は仕事に対する考え方を新たにします。

■ 本時の流れ

(1)主題名　働くことの意義

(2)教材名　母の仕事（出典：日本文教出版）

(3)ねらい　働くことの意義を理解し，進んで人のため，自分のため，社会全体のために役に立とうとする心情を育てる

(4)展開の大要

	学習活動　主な発問（○）と予想される子どもの反応（・）	指導上の留意点（◇）
導入	1　将来就きたい仕事を話し合う ○みなさんは，将来どんな仕事に就きたいですか？ ・幼稚園の先生。パティシエ。美容師…… 2　めあて（学習課題）を確認する 働くってどういうこと？　働くのは何のため？	◇一人一人に将来就きたい仕事を発表させる
展開	3　「父の仕事」（5年生教材），「母の仕事」（6年生教材）を比べて読む ○5年生のときに学習したお話です。何が心に残っていますか？ ・電車の運転士の話だったね。真剣に仕事をしていたお父さんの話だったよ ○今日は「母の仕事」という話です。読んでみましょう ・今度は，看護師の仕事の話だね ○ベン図を使って，相違点・共通点を考えてみましょう ・人の命や健康をあずかっているという点で同じ ・仕事の内容は全く違うけど，どちらも仕事に真剣に向き合っているという点が同じ ・どちらもやりがいを感じている 4　働く意義をまとめる ・人のため，自分のため，社会全体のため	◇5年生のときに学習した「父の仕事」の内容を簡単に振り返らせる ◇教師の範読 ◇ベン図を使って，相違点・共通点を考えさせる ◇ペアやグループで交流させた後，全体で発言させる
終末	5　委員会担当の先生からのメッセージを読む ・ほめてもらえてうれしい。よし，もっとがんばろう！	◇余韻をもって学習を終える

(5)評価　働くことの意義を理解し，進んで人のため，自分のため，社会全体のために役立とうとする思いをもっているか

■ 授業の実際

❶導入

　高学年になり，将来の夢を具体的にもち始める頃です。導入では，「**将来どんな仕事に就きたいですか？**」と発問し，自分の夢を語らせるようにします。心が開放されたクラスであれば，一人一人席順に夢を語らせてもよいでしょう。幼稚園の先生，パティシエ，美容師……児童は思い思いに夢を語っていきます。その上で，「**ところでみなさんは，何のために働くのか考えたことはありますか？**」と発問します。

　「やっぱり一番はお金のためだと思います」

　「家族のためもあると思います」

　ここではいろいろな意見が出てくるので，それらを受けた上で，本時のめあてを書きます。

❷展開

　次に，「**5年生のときにこんな話を勉強したのを覚えていますか？**」と言いながら，「父の仕事」というページを開いて示します。

　「覚えています。電車の運転士の仕事の話です」

　「『ぼく』が声をかけたけど，お父さんが仕事中で返事をしなかった話だよね」

　内容の大体を確認した後，「**今日は『母の仕事』というお話です。去年勉強した内容と比べながら読んでいきましょう**」と言い，教材「母の仕事」を範読します。

　教材を読んだ後は，特に細かい発問をせず，「**今日は昨年学習した『父の仕事』という話と，今読んだ『母の仕事』という話を比べてみましょう。比べて読んだ上で，違うところや同じところを見つけてみましょう**」と展開します。

　5年生の教科書は，学校にあればそれを利用し，なければそのときの5年生に借りるという方法も考えられます。このような学習を想定して，その学年が終わった後，しばらく道徳科の教科書を教室に置いておくのもよいと思います。

　2つの文章を比較する際は，ベン図を活用します。ベン図についての詳細は，3章アドバンス⑨を参照してください。なお，実際に授業を行うとわかると思いますが，複数の教材を比べて読むという活動に，児童はとても夢中になって取り組みます。しばらく時間をとって考えさせた後，ペアやグループで交流させ，全体での発表へと移ります。

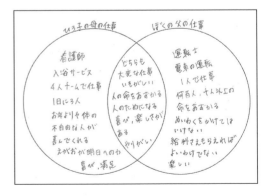

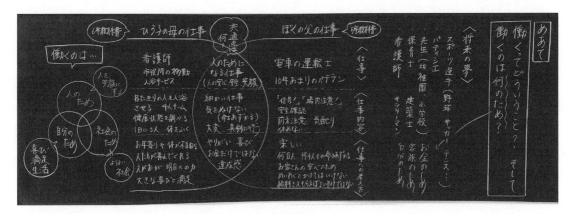

【板書例】

　全体で発言させる際は，相違点→共通点という流れで取り上げた方が，より効果的にねらいに迫ることができます。

　「仕事そのものが違います。『ぼく』の父は運転士。ひろ子の母は看護師です」

　「仕事の内容もずいぶん違います。運転士は人を運ぶ仕事，看護師は人のお世話をする仕事」

　「でも，どちらも人の役に立つというところが同じだと思います」

　「どちらも大変だというところが同じです。『ぼく』の父は仕事の都合で帰ってこられない日があるし，ひろ子の母はとても疲れているようです」

　「どちらも仕事に対して真剣という点が同じです。『ぼく』の父は命をあずかっているからすごく集中しているし，ひろ子の母は寝たきりの人を一生懸命きれいにしてあげています」

　「『ぼく』の父は，『仕事が楽しい』と言っています。ひろ子の母は，『大きな喜びと満足』とあります。どちらもやりがいがあって，楽しいという点で同じです」

　特に最後の点は，働く意義として重要なポイントであるので，ぜひとも気づかせたいところです。なお本授業では，人のため，自分のため，そして社会全体のために働くのだということをここでおさえるようにします。社会全体という視点が弱い場合は，**「もしも『ぼく』の父やひろ子の母の仕事がなかったら，世の中はどうなるでしょう？」**と補足で発問を入れるとよいでしょう。

❸終末

　終末では，今高学年として行っている仕事（委員会活動，清掃活動等）を，本時で学習した観点で振り返らせるとよいでしょう。なお，以前私がこの授業を行った際は，委員会担当の先生に，それぞれの仕事ぶりを肯定的に評価する短いメッセージを書いていただき，全員に配付しました。そのとき児童がとてもうれしそうな表情をしていたのを覚えています。児童の意欲を高め，かつ余韻をもって学習を終えることができるので，ぜひ取り組んでみてください。

― 事例 ―

12 自己との比較

1年生・おかあさんのつくったぼうし

（出典：日本文教出版）

■ 授業＆板書のポイント

❶授業のねらい・ポイント

　本授業は，家族を敬愛し，進んで家族の役に立とうとする心情を育てることを主なねらいとしています。児童にとって，家族は誰より身近な存在です。成長を願い，無私の愛情で育ててくれています。授業では，そのような家族の愛情に気づかせるとともに，自分自身も家族の一員として，家族に積極的にかかわり，自分でできることに進んで取り組もうとする心情を育てていくことがポイントとなります。

❷本授業への板書アプローチ

　本教材は，主人公のアンデルスが，母親からもらった赤い帽子を，目の前にごちそうやお菓子が並んでも，王様から金のかんむりと交換してほしいと言われても，決して手放すことがなかったというお話です。主人公の行動は，家族の愛情を非常に大切にする行動であり，感動的な内容となっています。スタンダード①で示した川流れ式でも授業はできますが，主人公の気持ちが揺るがず，一貫していることから，アドバンス⑩で示した自己との比較による板書アプローチが効果的だと考えます。教材を読む前にいくつかの場面を提示し，自分ならどうするかを考えさせます。その後，主人公の行動を示し，主人公にあって自分たちにたりない心について考えさせます。

❸教材の概要

　アンデルスは，母親に赤い帽子を編んでもらいました。うれしくて外に飛び出したアンデルスは，その後，御殿で王女様に料理やお菓子を振る舞われ，帽子をぬぐように促されます。しかし，アンデルスは帽子をぬぎませんでした。また，王様からは金のかんむりと交換するように促されますが，ここでもアンデルスは帽子を手放しませんでした。家に帰ってから兄に，「とりかえればよかったのに」と言われますが，「お母さんのつくった帽子よりいい物なんてない」と答えます。その話を聞いた母親は，アンデルスを強く抱きしめます。

■ 本時の流れ

(1)主題名　大好きな家族

(2)教材名　おかあさんのつくったぼうし（出典：日本文教出版）

(3)ねらい　家族を敬愛し，家族のために役立とうとする心情を育てる

(4)展開の大要

<table>
<tr><th></th><th>学習活動　主な発問（〇）と予想される子どもの反応（・）</th><th>指導上の留意点（◇）</th></tr>
<tr><td rowspan="2">導入</td><td>1　今ほしい物について話し合う</td><td rowspan="2">◇ねらいとする価値と反対の方向の話題を提示する</td></tr>
<tr><td>・新しいゲーム機や自転車がほしい
・たくさんお金がほしい</td></tr>
<tr><td rowspan="6">展開</td><td>2　スライド（または場面絵）を見ながら，2つの場面について，自分ならどうするか話し合う
〇ごちそうやお菓子が並んでいます。王女様が「ぼうしをぬいで，めしあがれ」と言っています。どうしますか？
・ぼうしをぬいで食べる。ぼうしの中にお菓子を詰め込む
〇王様が金のかんむりと交換してくれと言っています。どうしますか？
・もちろん交換する。高そうだし……</td><td>◇教科書を読む前に，場面絵を先に示し，自分ならどうするかを考えさせる
◇可能であれば，ICT機器を活用して，場面絵を拡大提示する</td></tr>
<tr><td>3　教材を読み，本時のめあて（学習課題）を確認する</td><td>◇教師の範読</td></tr>
<tr><td colspan="2" align="center">アンデルスにあって，自分たちにたりない心ってどんな心？</td></tr>
<tr><td>・家族からもらったものを大切にする心
・家族を大切にする心</td><td>◇アンデルスと自己を比較させる</td></tr>
<tr><td>4　家族の愛情を感じることや家族のためにがんばりたいことを交流する
・お母さんが手提げ袋を一生懸命つくってくれたよ
・風邪をひいたとき，看病してくれたよ</td><td>◇過去の経験を出し合い，家族の愛情に気づかせる</td></tr>
<tr><td rowspan="2">終末</td><td>5　家族への手紙を書く</td><td rowspan="2">◇感謝の思いとがんばりたいことを書かせる</td></tr>
<tr><td>〇「ありがとう」の気持ちだけでなく，家庭でがんばりたいことについても書いてみましょう</td></tr>
</table>

(5)評価　家族の愛情に改めて気づき，今後家族のために進んで役立とうとする思いをもつことができたか

■ 授業の実際

❶導入

　本教材の場合，「家族のよさとは何か」「家族からもらった物には何があるか」のどちらかの発問で授業を始めるのが一般的です。しかし，本授業においては，教材の中の人物と自己との比較を通して，自分たちにたりない心に気づき，自己を見直していくという過程を重視するので，別の導入を行います。現代の子どもたちの多くは，物が満ちあふれていることから，すぐに新しい物に興味がいってしまいがちで，家族の愛情を受け止める力が弱いと考えます。そこで本授業では，あえて**「今ほしい物は何ですか？」**と発問することから始めます。

　「新しいゲーム機がほしいです。それから自転車も」

　「たくさんお金がほしいです。そうすればいろいろ物が買えるから」

　ねらいとする価値と全く反対の方向の話題を提示します。導入としてはめずらしいケースですが，この後の展開を生かすためには，有効な方法だと考えます。

❷展開

　次に，教科書をいきなり読ませるのではなく，事前に場面絵を示しながら，お話の概要を伝えるという展開をとります。1枚目の場面絵を示し，アンデルスという男の子が母親から赤い帽子をもらったことを伝えます。続いて2枚目の場面絵を示し，王女様がアンデルスにたくさんのごちそうやお菓子を振る舞い，帽子をぬいで食べるように促していることを伝えます。そこで，**「みなさんなら帽子をぬいで食べますか？　それとも食べませんか？」**と発問します。

　「もちろん食べます。だってごちそうだもん」

　「食べきれなかったお菓子は，帽子の中に入れて持って帰ります」

　こうした児童の反応は，横に直線を引いた黒板の上側に記録します。詳細は，板書例を参考にしてください。続いて，3枚目の場面絵を示し，**「王様が金のかんむりとアンデルスの帽子をとりかえてくれと言っています。みなさんならどうしますか？」**と発問します。

　「もちろん交換します。だって金だからすごく高そうだもん」

　「私は交換しません。お母さんが悲しむし……」

　私が授業を行った際は，この3つ目の場面はやや意見が分かれましたが，全体としてはとりかえるという児童の方が多くいました。この意見についても，黒板の上側に記録します。なお，ここまでの展開は場面絵の一部や短冊をうまく使って説明すれば一層効果的です。

　ここまできて，ようやく教科書を読む段階に移ります。**「では，アンデルスは実際どうしたんだろうね。お話を読んでいきましょう」**と言いながら，教科書を開くように指示します。事前に2つの場面について考えているので，児童は問題意識をもって読むようになります。

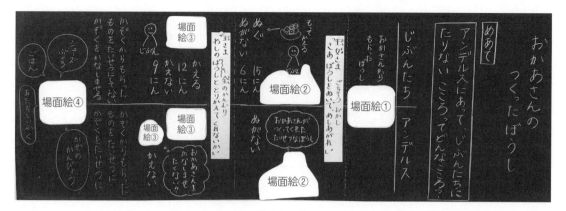

【板書例】

範読した後，すぐに「アンデルスはどうしましたか？」と発問します。

「ごちそうやお菓子があっても，帽子をぬぎませんでした」

「王様が金のかんむりと交換しようと言っても，交換しませんでした」

そこで，「なぜ帽子をぬいだり交換したりしなかったのでしょう？」と発問します。

「お母さんからもらった帽子がすごく大切だったからだと思います」

「お母さんを悲しませたくなかったからだと思います」

これらの意見を，今度は黒板の下側にふきだしで書きます。こうして上下に異なる考え方が並んだところで，「アンデルスにあって，自分たちにたりない心ってどんな心でしょうか？」と発問します。本時のめあてとなるので，このタイミングで黒板に書きます。通常の授業と比べて，めあてを書くタイミングがかなり遅いのが，このタイプの授業の大きな特徴です。

「みんなは家族からもらった物をあまり大事にしていないけど，アンデルスはすごく大事にしています」

「新しい物やお金よりも，家族を大切にしているというところが違います」

その後，「みんなも家族からもらったもので，これからも大切にしたい物がありますか？」と発問し，自己を振り返らせます。身の回りの物をじっくり観察させる時間を設けてもよいでしょう。また，「物だけではなく，家族にされてうれしかったことはありますか？」と発問し，物だけでなく，家族の行為にもどんどん目を向けさせていくようにします。

❸終末

終末では，家族に感謝の手紙を書く活動を行います。１年生ということで長い文章はまだ書けないと思いますが，自分なりに家族への感謝の思いを伝えられるようにしたいものです。家族の一員としてがんばりたいことも，どんどん書かせるようにしましょう。なお，本授業は，参観日にもおすすめの授業です。親子で家族の絆について考えるよい機会となります。

—事例—

13 短冊を使った分類

4年生・いじりといじめ

（出典：日本文教出版）

■ 授業＆板書のポイント

❶授業のねらい・ポイント

　本授業は，いじりといじめについて考え，相手の気持ちを考えないいじりはいじめにつながることに気づき，誰に対しても分け隔てをせず相手を大切にしようとする心情を育てることを主なねらいとしています。この時期の児童は，人を笑わせることの快感を覚え始め，相手の気持ちを深く考えずに，「面白いから」という理由で，軽々しい言動をしてしまいがちです。こうした言動は，人間関係や集団生活に支障をきたし，いじめにもつながってしまうことを理解させることが大切です。特に，いじりといじめの違いについて深く考えさせ，判断基準を明確にもたせることが授業のポイントとなります。

❷本授業への板書アプローチ

　いじりといじめの違いについては，大人であっても意見が分かれるところですが，結局のところ，行為を受ける相手が嫌だと感じるかどうかが1つの判断基準になると思います。そして，その判断力を確かなものにするためには，少しでも多くの事例にふれさせ，許されるいじりなのか，許されないいじめなのかを児童なりに判断する経験を積ませることが大切です。このような授業においては，短冊を用いた分類による板書アプローチを行うのが効果的です。まず教材に示されている事例が，いじりなのか，いじめなのかを議論させ，いじりといじめの判断基準をつくります。最後は，短冊に示された様々な事例を分類させるという展開をとります。

❸教材の概要

　授業中，まさるが先生に聞かれたことと全然違うことを答えたことで，クラスのみんなが大笑いしました。それに対してみかは，みんなが笑うのはおかしい，これはいじめではないかと主張します。一方でげんきは，冗談だとみんなわかっているのだから，いじめというよりも，これはいじりだと主張します。このやりとりを聞いていたゆうきは，「まさるくんは笑っていたけれど……。でも，ほんとうはどんな気持ちだったのかな」とつぶやきました。

■ 本時の流れ

(1)主題名　分け隔てなく

(2)教材名　いじりといじめ（出典：日本文教出版）

(3)ねらい　いじりといじめについて考え，いじりはいじめにつながることに気づき，誰に対しても分け
隔てをせず相手を大切にしようとする心情を育てる

(4)展開の大要

	学習活動　主な発問（○）と予想される子どもの反応（・）	指導上の留意点（◇）
導入	1　「いじり」と「いじめ」の違いを話し合う ○「いじり」と「いじめ」，それぞれどう違うのでしょう？ ・いじりは，冗談半分で人をからかうこと ・いじめは，言葉や暴力で相手を傷つけること 2　めあて（学習課題）を確認する 　いじりといじめは何が違うのだろう？	◇児童から出てきた具体例を短冊に書き，黒板の隅に貼っておく
展開	3　教材「いじりといじめ」を読み，考え方の違いを整理する ○げんき君とみかさんの考え方は同じですか，違いますか？ ・違う。まさる君をみんなが笑ったことを，げんき君はいじり，みかさんはいじめだと考えている 4　いじりといじめ，どちらに当てはまるかを話し合う ○げんき君とみかさん，どちらの考えに賛成ですか？ ・げんき君。だってまさる君もうれしそうだし ・みかさん。だって本当は傷ついているっぽいよ ・1人でも嫌な気持ちになる人がいたのなら，それはいじめ 5　いじりといじめの違いを話し合う ○いじりといじめの違いは何なのでしょうか？ ・誰も傷つかない，嫌な気持ちにならないのであれば，いじりかもしれないけど，そうでなければ全部いじめになる	◇教師の範読 ◇まずは簡単に登場人物を確認し，げんきとみかの考え方の違いを話し合わせる ◇中央に線を引いて，それぞれの考え方の違いを書き込む ◇嫌な思いをする人がいるかどうかを判断基準とする
終末	6　いろいろな例を，いじりといじめで分類する ○次のパターンはどちらに入ると思いますか？	◇様々な事例を分類させる

(5)評価　いじりといじめの違いについて考え，分け隔てなく相手を大切にしようとする思いをもつことができたか

■ 授業の実際

❶導入

　授業はまず，黒板の中央に教師が縦線を引くことから始めます。そして，板書例にあるように，右側に「いじり」，左側に「いじめ」と書きます。すかさず，「今日は『いじり』と『いじめ』について勉強するのだけれど，この２つの違いって何なのでしょう？」と発問します。ペアやグループで１～２分，話し合う時間を設けてから発言させます。

　「いじりとは，冗談半分で人をからかうことです」

　「いじめとは，言葉や暴力で人を傷つけることです」

　「だったら，冗談で人をからかうこともいじめではないかと思います」

　「言われた相手が平気ならいいんじゃないかなぁ」

　この段階で，議論は非常に白熱します。児童から出てきた意見は，それぞれふきだしで黒板の左右に書き込んでいきます。また，「人をからかう」「暴力をふるう」などの具体的な行為については，短冊に書き，黒板の隅に貼っておきます。その上で，「いじりといじめは何が違うのだろう？」というめあて（学習課題）を書き，教材を読む段階に移ります。

❷展開

　教材を教師が範読した後，主な登場人物（ゆうき，まさる，げんき，みか）を確認します。その上で，「まさる君が笑われたことに対して，げんき君とみかさんの考え方は同じですか？違いますか？」と発問します。

　「違います。まさる君をみんなが笑ったことを，げんき君はいじり，みかさんはいじめだと考えています」

　「ゆうき君は，どちらなのか迷っているようです」

　このように展開し，まず２つの異なる考え方を確認します。その後，「では，みなさんはどちらの考えに賛成ですか？」と発問します。ここではネームプレートを貼らせて，意思決定をさせるとよいでしょう。もしも迷っている児童がいた場合，真ん中の線の上に貼ってよいことにします。ただしこの場合は，真ん中に貼った児童から発言させるのがポイントです。

　「どちらの言っていることもその通りだなと思ったので，真ん中に貼りました」

　このような意見もしっかりと認めた上で，今度は，異なる立場の意見を述べさせます。

　「げんき君の意見に賛成です。これはみんなが楽しい思いをしたのだし，べつに言葉の暴力で傷つけたわけでもないので，いじりだと思います」

　「みかさんの意見に賛成です。まさる君は本当は嫌な気持ちだったみたいだし，みかさんのように嫌な気持ちになる人が周りにいたのなら，いじめだと思います」

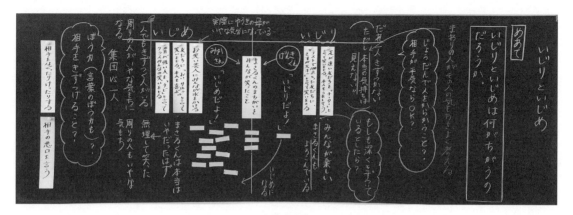

【板書例】

　この場面での議論は非常に活発になります。議論が平行線をたどるようであれば，「もしもまさる君がみんなの前では笑っているけれど，深く傷ついているとしたらどうですか？」と切り返すようにします。また，クラス全員が「いじめ」を選択した場合は，教師自身が「いじりだ！」と主張し，議論を深めるようにします。ある程度議論が深まったところで，「このクラスの例から考えると，いじりといじめは結局何が違うのでしょうか？」と発問します。

　「その人がちょっとでも嫌な気持ちになるようであれば，いじめだと思います」

　「その人だけでなく，みかさんのように，周りの人も嫌な気持ちになるのであれば，やっぱりいじめに入ると思います」

　児童の意見は，今度は色チョークを使って，黒板の左右に書き込みます。

　さらに，「でもまさる君のように，嫌な気持ちを表に出さない人もいるよ。それはどうする？」と切り込んでいきましょう。

　「ちゃかす前に，周りの人がその人の気持ちをよく考えることが大切だと思います」

　こうした児童の発言も，しっかりと黒板に残していくようにします。

❸終末

　最後は，短冊に書かれたいろいろな事例を，いじりなのか，いじめなのか，分類する活動を行います。最初に出た事例に加えて，教師が事前に用意しておいたものを加えます。実際の授業では，1人でも傷つく人がいて，周りが不快に感じるものについては，すべていじめ，テストで100点をとった友達に「さすが天才！」と言ったり，足が速い友達に「よっ，チーター！」と言ったりするのは，本人が不快に感じていなければ，むしろほめたたえているので，許されるいじりでいいのではという結論に達しました。教材の中の芸人に水をかける事例については，ゆうきの母が不快に感じていることから，いじめに分類されました。なお，分類は一斉にみんなで行ってもよいですし，グループで議論しながら行うことも考えられます。

— 事例 —

14 チャート図

6年生・一年生のお世話係－アフター・ユー－

（出典：光文書院）

█ 授業＆板書のポイント

❶授業のねらい・ポイント

　本授業は，集団の中での自分の役割を自覚し，集団生活の充実に努めようとする心情及び態度を養うことが主なねらいとなります。高学年になった児童は，児童会活動や委員会活動，登校班の班長，低学年のお世話など，学校生活の様々な場面で役割を担うようになります。そしてこれらの活動には，無責任な気持ちではなく，集団としての成長を願い，そのために必要な自分の役割を自覚し，責任をもって取り組むことが大切です。高学年としての大切な心構えを自覚させた上で，日々の具体的な取り組みを考えさせることが授業のポイントとなります。

❷本授業への板書アプローチ

　「一年生のお世話係－アフター・ユー－」は，教科書の最初に掲載されている読み物教材です。4月，6年生になったばかりの児童に，学校全体における自分たちの役割は何か，またどのような気持ちでそれらの役割を果たしていくべきかを考えさせることが，授業の中心課題になります。教材をもとに話し合うことよりも，自分たちの生活に置き換えて新しいアイデアを生み出すことに重点を置くことから，本授業では，アドバンス⑫で示したチャート図を用いた板書アプローチを行います。授業を前半と後半の2つに大きく分け，前半は教材から6年生として大切な心構えを学ぶ時間，後半はチャート図を用いて具体的なアイデアを生み出す時間とします。通常の授業よりも，後半に長く時間をかけるのがポイントです。

❸教材の概要

　6年生になった「ぼく」は，1年生のお世話をすることになりました。しかし「ぼく」は，小さい子のお世話が苦手で，ためらいを感じています。ある日ブランコをめぐってもめている1年生を前に戸惑っていると，友達の航平君が笑顔で2人の仲をとりもちました。航平君から自分たちが1年生だった頃の話を聞いた「ぼく」は，下級生の成長を助けるのが自分たちの役割であると，決意を新たにします。

■ 本時の流れ

(1)主題名　学校のためにできること

(2)教材名　一年生のお世話係―アフター・ユー――（出典：光文書院）

(3)ねらい　集団の中での自分の役割を自覚し，集団生活の充実に努めようとする心情及び態度を養う

(4)展開の大要

	学習活動　主な発問（○）と予想される子どもの反応（・）	指導上の留意点（◇）
導入	1　6年生になった感想を交流し合う ○6年生になって数日。今，どんな気持ちですか？ ・いろいろ大変。特に入学式の1年生のお世話は大変だった ＿＿＿＿＿＿＿＿＿＿＿＿＿＿＿＿＿＿＿＿＿＿＿＿＿ 6年生として大切な心構えは？　また，自分たちにできることは何？	◇新1年生の入学式などの写真を提示する
展開	2　教材「一年生のお世話係―アフター・ユー――」を読んで話し合う ○前半の「ぼく」と後半の「ぼく」は同じですか？　違いますか？ ・違う。前半の「ぼく」は，渋々1年生のお世話をしている ・後半は，航平の姿を見て，自分もがんばろうとしている ○前半の「ぼく」と後半の「ぼく」では，どちらが6年生としてふさわしいでしょうか？　またそれはなぜですか？ ・後半の「ぼく」の方がよい。1年生の成長を助けようとしている ○みんなの成長を助ける，そしてそれを自分の喜びとすることが大切なのですね 3　自分たちにできることを考える ○この1年間，全校のみんなの成長を助けるためにどんなことができるでしょうか。休み時間，掃除時間，給食時間など，いろいろな場面を想定して考えてみましょう ・一緒に遊んであげる。けんかしていたら仲直りさせる ・給食の配膳や片づけ，掃除の仕方などをやさしく教える	◇前半の「ぼく」と後半の「ぼく」を比較し，どちらが6年生としてふさわしいかを考えさせる ◇チャート図の中央に，6年生として大切な心構えを書き込む
終末	4　入学式の後の1年生の反応を知る ○1年生の担任の先生から聞いた話ですが，1年生が……	◇余韻をもって学習を終える

(5)評価　集団の中での自分の役割を自覚し，集団生活の充実に努めようとすることができたか

▟ 授業の実際

❶導入

　「一年生のお世話係―アフター・ユー―」は，教科書の最初に掲載されている読み物教材です。そのため本授業は，４月上旬に行われることが予想されます。そこで導入では，「６年生になって数日経ちましたが，今，どんな気持ちですか？」と発問します。

　「最高学年だから，がんばらないといけないという気持ちです」

　「いろいろ大変です。特に入学式の１年生のお世話は大変でした」

　この時期の６年生は，最高学年になったことへの自信や意欲，不安など，いろいろと複雑な心境を抱えています。この場面では，それらの素直な思いを自由に発言させるとよいでしょう。その上で，「６年生として大切な心構えって何なのでしょう？　またこの１年間，自分たちにできることはどんなことでしょう？」と言い，本時のめあてを提示します。

❷展開

　教材を範読した後，「前半の『ぼく』と後半の『ぼく』は同じですか？　違いますか？」と発問します。児童は「違う」と反応するので，何がどのように違うのかを話し合わせます。

　「前半の『ぼく』は渋々１年生のお世話をしています。でも後半の『ぼく』は，なんだか楽しそう」

　「前半の『ぼく』は１年生に言うことを聞かせるという感じだけど，後半の『ぼく』は成長を助けることが大切だと考えている」

　続いて，「では，どちらが６年生としてふさわしいですか？」と発問します。

　「後半の『ぼく』だと思います。みんなの成長を助けるのが６年生かなと思いました」

　「みんなの成長を自分の喜びとするのが本当の６年生だと思います」

　児童のこうした意見を踏まえて，「そうかぁ。６年生として大切なのは，『自分の言うことを聞かせる』ことではなく，『みんなの成長を助け，それを自分の喜びとする』という心構えなんだね」とまとめます。この考え方は，後半の活動でも非常に大切になってくるので，色チョークを使って目立つように板書します。さらにここでは一歩踏み込んで，「ではみんなは，下級生がどんなふうに成長してくれたらうれしいですか？」と聞くようにします。

　「人を困らせたり嫌な気持ちにさせたりすることがないような，やさしい人に成長してほしいです」

　「いろいろなことを一生懸命がんばる人に成長してほしいです」

　「６年生だけでなく，５年生や４年生にも学校のリーダーとして成長してほしいです」

　学校のみんなにどのように成長してほしいか，具体的なイメージができたところで，次の展開へと移ります。

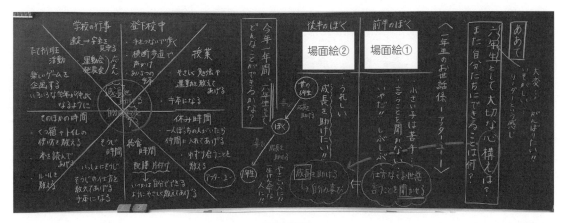

【板書例】

　この型の授業は，ここからの活動がメインとなります。「では，6年生としてこの1年間，どんなことができるかを考えてみましょう」と投げかけます。その際，ただぼんやりと考えさせるのではなく，登下校中，休み時間，掃除時間，給食時間というように，具体的な場面（視点）を与えると，児童はスムーズに考えられるようになります。そこで，黒板の左側にチャート図をかき，具体的な場面（視点）をそれぞれのスペースに書き込みます。中央には前半の活動で出てきた大切な考え方を記入します。私が授業を行った際は，「みんなの成長を助ける」「自分の喜びとする」という言葉を記入しました。なお，この具体的な取り組みを考えさせるにあたっては，ペア→グループ→全体という流れをとる方が得策といえるでしょう。思いきって黒板を開放し，自由にチョークで書かせるのも方法の1つです。

　「休み時間，1年生と一緒に遊んであげることです。もしもけんかになったら，ただ注意するのではなく，1年生がやさしくなれるようにアドバイスしたいです」

　「給食時間に配膳や片づけのお手伝いをしたいです。できるだけ一緒に行うようにして，1年生が自分の力でできるように，やさしく教えてあげたいです」

　児童の発言が「○○をしてあげたいです」のみにとどまった場合は，「そうすることで，学校のみんなにどのように成長してほしい？」と切り返すようにしましょう。チャート図の中央に書いた大切な考え方を，より一層深く意識させることができます。

❸終末

　いろいろな終末が考えられますが，私は，入学式後の1年生の反応を事前に1年生担任から聞いておき，紹介しました。「入学式が終わった後，1年生が『6年生のみなさんがやさしくしてくれてうれしかった』『学校が楽しみになった』と言っていたそうです。1年生だけでなく，1年生担任の○○先生やおうちの人も，『6年生が頼もしい』『かっこいい』と言っていました」。やや恥ずかしそうにしながらも，児童はうれしそうに話を聞いていました。こうした終末は余韻をもって学習を終えるとともに今後の活動への意欲を高める上で効果的です。

— 事例 —

15 マスキング

6年生・心づかいと思いやり

（出典：日本文教出版）

■ 授業＆板書のポイント

❶授業のねらい・ポイント

　本授業は，誰に対しても思いやりの心をもち，相手の立場に立って親切に行動しようとする意欲を高めることを主なねらいとしています。誰しも心の中には，やさしい気持ちが備わっているものです。その思いは，困っている人に手を差し伸べる，相手のことを考えて温かく見守るなど，具体的な行為が伴って，初めて親切といえるでしょう。授業では，人のもつ心の温かさやその思いを行為に移すことの大切さを実感させることがポイントとなります。

❷本授業への板書アプローチ

　本授業は，短い詩という極めて特徴的な教材を使います。いきなり教科書を開かせて，詩を読ませた場合，なかなか教師が意図する内容に焦点化されません。ともすれば，国語科の読解のような授業になってしまうかもしれません。そこで，今回はアドバンス⑬で示した，マスキングによる板書アプローチを行います。詩の一部を隠して提示し，中に入る言葉を予想させます。その上で，実際に入る言葉を示し，焦点化した上で，その言葉の意味を深く考えさせます。なお，詩とあわせて，校内の写真や教科書に掲載されている新聞記事も教材として活用します。詩を黒板の中心に書きつつ，周辺にその言葉の意味，実生活の中にある具体例を書き込んでいくことで，ねらいとする価値に迫ります。

❸教材の概要

　本教材は，宮澤章二氏が『行為の意味　青春前期のきみたちに』という著書の中で記したものです。「〈こころ〉はだれにも見えないけれど〈こころづかい〉は見えるのだ」「〈思い〉は見えないけれど〈思いやり〉はだれにでも見える」これは，過去に公益社団法人 AC ジャパンのコマーシャルにも使われたことがある有名なフレーズです。他者に対してやさしい心をもつこと，そしてそれを行為に移すことの大切さを伝えています。また，教科書にはこの詩だけでなく，思いやりのある行為が人々の間で広がったという内容の新聞記事も掲載されています。

■ 本時の流れ

(1)主題名　思いやりの心

(2)教材名　心づかいと思いやり（出典：日本文教出版）

(3)ねらい　誰に対しても思いやりの心をもち，相手の立場に立って親切に行動しようとする意欲を高める

(4)展開の大要

<table>
<tr><th colspan="2">学習活動　主な発問（○）と予想される子どもの反応（・）</th><th>指導上の留意点（◇）</th></tr>
<tr><td rowspan="2">導入</td><td>1　詩を1行ずつ視写し，□に入る言葉を考える

○「行為の意味」という詩を書きます。書き写しましょう

○隣同士で向き合ってください。心や思いは見えますか？

・見えません。何を考えているか想像がつきません

○□の中にはどんな言葉が入ると思いますか？

○教科書を開いて，入る言葉を確認してみましょう</td><td>◇教師が黒板に1行ずつ書く詩を視写させる</td></tr>
<tr><td colspan="2" align="center">心づかいと思いやりってどういうものなのだろう</td></tr>
<tr><td rowspan="2">展開</td><td>2　詩の意味を考える

○心づかいや思いやりは見えるとは，どういう意味でしょう？

・難しいな……。やさしい行動が目に見えるということかな

○この写真を見てください。どんな心づかいがありますか？

・トイレの写真だね。花があって，スリッパが揃っている

○新聞記事を読んでみましょう。どんな思いやりがありますか？

・みんなが待たなくてもいいように。この女性のやさしさ</td><td>◇詩の意味を，写真や新聞記事，これまでの経験から考えさせる

◇可能であれば，ICT機器を用いて写真を提示する

◇黒板の中央に書いた詩の周辺に，児童から出てきた考えを書く</td></tr>
<tr><td>3　身の回りの心づかい，思いやりを想起する

○これまでどんな心づかいや思いやりを目にしてきましたか？

・前に○○君が体調の悪いぼくを気づかってくれました</td><td></td></tr>
<tr><td>終末</td><td>4　最後の4行の意味を考える

○最後の4行にはどんな意味があるのでしょう？

・やさしい心をもつことも大切だけど，行為に移すことがなにより大切という意味かな。やさしい人になりたいな</td><td>◇自分自身も親切に行動しようという思いをもたせる</td></tr>
</table>

(5)評価　思いやりの心をもつことの大切さに気づき，自分自身も親切に行動しようという意欲をもつことができたか

■ 授業の実際

❶導入

　本教材は，「行為の意味」という詩です。短い詩ですので，教科書は開かせず，１行ずつ教師が黒板に詩を書くことから始めます。６年生という発達段階ですので，児童にも道徳ノートやワークシートに，同じタイミングで１行ずつ書き写させるようにします。その際，「こころづかい」「思いやり」という２つの言葉をマスキングし，□□にして提示します。第３連までを書き写した段階で，隣同士で向き合わせます。そして「**お互いの心や思い，つまり考えていることがわかりますか？**」と問います。少し時間をとって，お互いに何を考えているか予想させます。そのうち，児童が「……わかりません」とつぶやいたり，全く見当違いのことを言ったりして，教室が笑いに包まれます。導入の心の耕しには，ぴったりの活動です。その上で，「**そうだよね。でもこの詩では，心や思いは見えなくても，何かが見えるといっています。さて，□□にはそれぞれどんな言葉が入ると思いますか**」と発問します。

　「〈こころ〉はだれにも見えないけれど〈表情〉は見えるのだ」

　「胸の中の〈思い〉は見えないけれど〈着ている服〉は見えるのだ」

　何人かの児童の意見を聞いたところで，「**では，教科書を開いてどんな言葉が入るか確認してみましょう**」と指示します。１つ目は〈こころづかい〉，２つ目は〈思いやり〉です。このように展開すれば，自然な流れで，「この言葉にはどういう意味があるのだろう」と児童の思考が働きます。注目させたい内容を焦点化するという点で，このマスキングという手法は非常に有効です。めあてもこのタイミングで書くようにします。

❷展開

　まず「**〈こころ〉はだれにも見えないけれど〈こころづかい〉は見える，〈思い〉は見えないけれど〈思いやり〉はだれにでも見えるとはどういう意味だと思いますか？**」とシンプルに発問します。

　「やさしさや気持ちだけでは伝わらないけど，やさしい行動は目に見えるという意味かな……」大人であっても解釈が難しい内容です。自分なりに説明しようとする児童がいたら，しっかりほめてあげたいところです。その後，右のような写真を提示し，「**これは学校のトイレの写真ですが，この中に心づかいが見えますか**」と発問します。

　「みんなが気持ちよく使えるように植物が置いてある」

　「次の人のためにスリッパが揃えてある」

　児童の意見を，詩の中の「こころづかい」という言葉の周辺に書き込んでいきます。

【板書例】

　続いて教科書にある「気配りのリレー」という新聞記事を読みます。範読した後に、「**この記事のお話の中に、何か心づかいや思いやりはありましたか？**」と発問します。

　「同じ方向の方おられませんかという女性の言葉。笑顔と声かけでその場がなごんだとあります」

　「この女性だけでなく、みんなが思いやりの心をリレーのようにつなげています」

　この場面での児童の発言も、黒板の詩の中の「思いやり」という言葉の周辺に書き込んでいきます。そして、「**他にもみなさんがこれまで目にした〈こころづかい〉や〈思いやり〉はありませんか？　少し時間をとるので、周りを見渡したり、これまでの体験を思い出したりしながら、考えてみましょう**」と展開します。ペアやグループで話し合わせてもよいでしょう。数分後、考えたことを発言させます。

　「いつも学校の玄関に花が飾ってあります。用務員の先生の心づかいだと思います」

　「前に〇〇さんが、体調のよくない私に『大丈夫？　無理しないでね』と声をかけてくれました。思いやりだと思います」

　いろいろな意見が出て、教室が温かい雰囲気に包まれます。児童の意見は、どんどん板書します。教師が自身の体験談をここで出すことも考えられます。

❸終末

　終末では、残りの４行を黒板に書きます。児童にも最後まで書かせます。その上で、「**最後の４行はどういうことが言いたいのでしょうか？**」と発問します。

　「やさしい気持ちをもつことが大切だし、しかもその気持ちを行動に移すことが大切だということだと思います」

　「それが人が人として生きること。生きる上で、やさしさは欠かせないということです」

　最後に振り返りを書かせます。授業で学んだことやこれから取り組んでいきたいことなどを中心に書かせるとよいでしょう。

【著者紹介】
有松 浩司（ありまつ こうじ）
1979年，広島県生まれ。2001年より教職に就く。広島県内の公立小学校教諭を経ながら，2008年に授業研究サークル「STORY」を発足。広島県内の熱意ある若手教員と共に，切磋琢磨しながら日々授業研究に励んでいる。現在は広島県竹原市立吉名学園（義務教育学校）教諭。主な研究教科は国語科と道徳科で，研究内容は国語教育，道徳教育，メディアリテラシー教育，ICTを活用した教育活動全般と，多岐にわたる。第31回道徳と特別活動の教育研究賞で文部科学大臣賞・最優秀賞，第68回読売教育賞で最優秀賞を受賞。著書は，『小学校道徳指導スキル大全』（共著，明治図書，2019），『考え，議論する道徳をつくる新発問パターン大全集』（共著，明治図書，2019）など。

道徳科授業サポートBOOKS
道徳板書スタンダード&アドバンス

2020年9月初版第1刷刊　©著　者　有　松　浩　司
2021年11月初版第4刷刊　発行者　藤　原　光　政
　　　　　　　　　　　　発行所　明治図書出版株式会社
　　　　　　　　　　　　http://www.meijitosho.co.jp
　　　　　　　　　（企画）茅野　現（校正）嵯峨裕子
　　　　　　〒114-0023　東京都北区滝野川7-46-1
　　　　　　振替00160-5-151318　電話03(5907)6702
　　　　　　ご注文窓口　電話03(5907)6668

＊検印省略　　　　　　　組版所　広研印刷株式会社

Printed in Japan　　　　ISBN978-4-18-389313-0
もれなくクーポンがもらえる！読者アンケートはこちらから→